TRANZLATY

Sprache ist für alle da

La lingua è per tutti

Das Kommunistische Manifest

Il Manifesto del Partito Comunista

Karl Marx
&
Friedrich Engels

Deutsch / Italiano

Published by Tranzlaty
ISBN: 978-1-80572-352-3
Original text by Karl Marx and Friedrich Engels
The Communist Manifesto
First published in 1848
www.tranzlaty.com

Einleitung
Introduzione

Ein Gespenst geht um in Europa – das Gespenst des Kommunismus

Uno spettro si aggira per l'Europa: lo spettro del comunismo

Alle Mächte des alten Europa sind eine heilige Allianz eingegangen, um dieses Gespenst auszutreiben

Tutte le potenze della vecchia Europa hanno stretto una santa alleanza per esorcizzare questo spettro

Papst und Zaren, Metternich und Guizot, französische Radikale und deutsche Polizeispione

Il Papa e lo Zar, Metternich e Guizot, i radicali francesi e le spie della polizia tedesca

Wo ist die Oppositionspartei, die von ihren Gegnern an der Macht nicht als kommunistisch verschrien wurde?

Dov'è il partito all'opposizione che non è stato denunciato come comunista dai suoi avversari al potere?

Wo ist die Opposition, die nicht den Brandvorwurf des Kommunismus gegen die fortgeschritteneren Oppositionsparteien zurückgeschleudert hat?

Dov'è l'opposizione che non ha rigettato il rimprovero del comunismo contro i partiti di opposizione più avanzati?

Und wo ist die Partei, die den Vorwurf nicht gegen ihre reaktionären Gegner erhoben hat?

E dov'è il partito che non ha mosso l'accusa contro i suoi avversari reazionari?

Aus dieser Tatsache ergeben sich zweierlei

Da questo fatto derivano due cose

I. Der Kommunismus wird bereits von allen europäischen Mächten als eine Macht anerkannt

I. Il comunismo è già riconosciuto da tutte le potenze europee come potenza

II. Es ist höchste Zeit, dass die Kommunisten ihre Ansichten, Ziele und Tendenzen offen vor der ganzen Welt offenlegen

II. È tempo che i comunisti pubblichino apertamente, di fronte al mondo intero, le loro opinioni, i loro obiettivi e le loro tendenze

sie müssen diesem Kindermärchen vom Gespenst des Kommunismus mit einem Manifest der Partei selbst begegnen

devono far fronte a questa favola infantile dello Spettro del Comunismo con un Manifesto del partito stesso

Zu diesem Zweck haben sich Kommunisten verschiedener Nationalitäten in London versammelt und folgendes Manifest entworfen

A tal fine, comunisti di varie nazionalità si sono riuniti a Londra e hanno abbozzato il seguente Manifesto

Dieses Manifest wird in deutscher, englischer, französischer, italienischer, flämischer und dänischer Sprache veröffentlicht

il manifesto sarà pubblicato in inglese, francese, tedesco, italiano, fiammingo e danese

Und jetzt soll es in allen Sprachen veröffentlicht werden, die Tranzlaty anbietet

E ora sta per essere pubblicato in tutte le lingue offerte da Tranzlaty

Bourgeois und Proletarier
I borghesi e i proletari

Die Geschichte aller bisherigen Gesellschaften ist die Geschichte der Klassenkämpfe

La storia di tutte le società finora esistite è la storia delle lotte di classe

Freier und Sklave, Patrizier und Plebejer, Herr und Leibeigener, Zunftmeister und Geselle

Libero e schiavo, patrizio e plebeo, signore e servo della gleba, maestro di corporazione e garzone

mit einem Wort, Unterdrücker und Unterdrückte

in una parola, oppressore e oppresso

Diese sozialen Klassen standen in ständiger Opposition zueinander

Queste classi sociali erano in costante opposizione l'una con l'altra

Sie führten einen ununterbrochenen Kampf. Jetzt versteckt, jetzt offen

Continuarono una lotta ininterrotta. Ora nascosto, ora aperto

Ein Kampf, der entweder in einer revolutionären Rekonstitution der Gesellschaft als Ganzes endete

una lotta che si è conclusa con una ricostituzione rivoluzionaria della società in generale

oder ein Kampf, der im gemeinsamen Ruin der streitenden Klassen endete

o una lotta che si concluse con la comune rovina delle classi contendenti

Blicken wir zurück auf die früheren Epochen der Geschichte

Guardiamo indietro alle epoche precedenti della storia

Wir finden fast überall eine komplizierte Einteilung der Gesellschaft in verschiedene Ordnungen

Troviamo quasi dappertutto una complicata organizzazione della società in vari ordini

Es gab schon immer eine mannigfaltige Abstufung des sozialen Ranges

C'è sempre stata una molteplice gradazione di rango sociale

Im alten Rom gibt es Patrizier, Ritter, Plebejer, Sklaven
Nell'antica Roma abbiamo patrizi, cavalieri, plebei, schiavi
im Mittelalter: Feudalherren, Vasallen, Zunftmeister,
Gesellen, Lehrlinge, Leibeigene
nel Medioevo: feudatari, vassalli, maestri di corporazione,
operai, apprendisti, servi della gleba
In fast allen diesen Klassen sind wiederum untergeordnete
Abstufungen
In quasi tutte queste classi, ancora una volta, gradazioni
subordinate
Die moderne Bourgeoisie Gesellschaft ist aus den
Trümmern der feudalen Gesellschaft hervorgegangen
La moderna società borghese è germogliata dalle rovine della
società feudale
Aber diese neue Gesellschaftsordnung hat die
Klassengegensätze nicht beseitigt
Ma questo nuovo ordine sociale non ha eliminato gli
antagonismi di classe
Sie hat nur neue Klassen und neue
Unterdrückungsbedingungen geschaffen
Non ha fatto altro che stabilire nuove classi e nuove condizioni
di oppressione
Sie hat neue Formen des Kampfes an die Stelle der alten
gesetzt
Ha stabilito nuove forme di lotta al posto di quelle vecchie
Die Epoche, in der wir uns befinden, weist jedoch eine
Besonderheit auf
Tuttavia, l'epoca in cui ci troviamo possiede una caratteristica
distintiva
die Epoche der Bourgeoisie hat die Klassengegensätze
vereinfacht
l'epoca della borghesia ha semplificato gli antagonismi di
classe
Die Gesellschaft als Ganzes spaltet sich mehr und mehr in
zwei große feindliche Lager

La società nel suo insieme si sta sempre più dividendo in due grandi campi ostili

zwei große soziale Klassen, die sich direkt gegenüberstehen: Bourgeoisie und Proletariat

due grandi classi sociali direttamente fronteggiate: la borghesia e il proletariato

Aus den Leibeigenen des Mittelalters gingen die Bürger der ersten Städte hervor

Dai servi della gleba del Medioevo nacquero i borghesi delle prime città

Aus diesen Bürgern entwickelten sich die ersten Elemente der Bourgeoisie

Da questi borghesi si svilupparono i primi elementi della borghesia

Die Entdeckung Amerikas und die Umrundung des Kaps

La scoperta dell'America e l'aggiramento del Capo

diese Ereignisse eröffneten der aufstrebenden Bourgeoisie neues Terrain

questi avvenimenti aprirono un nuovo terreno alla nascente borghesia

Die ostindischen und chinesischen Märkte, die Kolonisierung Amerikas, der Handel mit den Kolonien

I mercati delle Indie orientali e della Cina, la colonizzazione dell'America, il commercio con le colonie

die Vermehrung der Tauschmittel und der Waren überhaupt

l'aumento dei mezzi di scambio e delle merci in generale

Diese Ereignisse gaben dem Handel, der Schiffahrt und der Industrie einen nie gekannten Impuls

Questi eventi diedero al commercio, alla navigazione e all'industria un impulso mai conosciuto prima

Sie gab dem revolutionären Element in der wankenden feudalen Gesellschaft eine rasche Entwicklung

Ha dato un rapido sviluppo all'elemento rivoluzionario nella vacillante società feudale

Geschlossene Zünfte hatten das feudale System der industriellen Produktion monopolisiert

Le corporazioni chiuse avevano monopolizzato il sistema feudale di produzione industriale

Doch das reichte den wachsenden Bedürfnissen der neuen Märkte nicht mehr aus

Ma questo non bastava più per le crescenti esigenze dei nuovi mercati

Das Manufaktursystem trat an die Stelle des feudalen Systems der Industrie

Il sistema manifatturiero prese il posto del sistema feudale dell'industria

Die Zunftmeister wurden vom produzierenden Bürgertum auf die Seite gedrängt

I maestri delle corporazioni erano spinti da una parte dalla classe media manifatturiera

Die Arbeitsteilung zwischen den verschiedenen korporativen Innungen verschwand

La divisione del lavoro tra le diverse corporazioni è scomparsa

Die Arbeitsteilung durchdrang jede einzelne Werkstatt

La divisione del lavoro penetrava in ogni singola officina

In der Zwischenzeit wuchsen die Märkte immer weiter und die Nachfrage stieg immer weiter

Nel frattempo, i mercati continuavano a crescere e la domanda in costante aumento

Selbst Fabriken reichten nicht mehr aus, um den Anforderungen gerecht zu werden

Anche le fabbriche non erano più sufficienti a soddisfare le richieste

Daraufhin revolutionierten Dampf und Maschinen die industrielle Produktion

Da allora, il vapore e i macchinari rivoluzionarono la produzione industriale

An die Stelle der Manufaktur trat der Riese, die moderne Industrie

Il posto di produzione è stato preso dal gigante Industria Moderna

An die Stelle des industriellen Mittelstandes traten industrielle Millionäre

Il posto della classe media industriale è stato preso da milionari industriali

an die Stelle der Führer ganzer Industriearmeen trat die moderne Bourgeoisie

il posto dei capi di interi eserciti industriali fu preso dalla borghesia moderna

die Entdeckung Amerikas ebnete der modernen Industrie den Weg zur Etablierung des Weltmarktes

la scoperta dell'America ha spianato la strada all'industria moderna per stabilire il mercato mondiale

Dieser Markt gab dem Handel, der Schifffahrt und der Kommunikation auf dem Landweg eine ungeheure Entwicklung

Questo mercato diede un immenso sviluppo al commercio, alla navigazione e alle comunicazioni via terra

Diese Entwicklung hat seinerzeit auf die Ausdehnung der Industrie reagiert

Questo sviluppo ha reagito, a suo tempo, all'estensione dell'industria

Sie reagierte in dem Maße, wie sich die Industrie ausbreitete, und wie sich Handel, Schiffahrt und Eisenbahn ausdehnten

Ha reagito in proporzione all'estensione dell'industria e all'estensione del commercio, della navigazione e delle ferrovie

in demselben Maße, in dem sich die Bourgeoisie entwickelte, vermehrte sie ihr Kapital

nella stessa proporzione in cui la borghesia si è sviluppata, ha aumentato il suo capitale

und das Bourgeoisie drängte jede aus dem Mittelalter überlieferte Klasse in den Hintergrund

e la borghesia mise in secondo piano tutte le classi tramandate dal Medioevo

daher ist die moderne Bourgeoisie selbst das Produkt eines langen Entwicklungsganges

perciò la borghesia moderna è essa stessa il prodotto di un lungo corso di sviluppo

Wir sehen, dass es sich um eine Reihe von Revolutionen in der Produktions- und Tauschweise handelt

Vediamo che si tratta di una serie di rivoluzioni nei modi di produzione e di scambio

Jeder Schritt der Bourgeoisie Entwicklung ging mit einem entsprechenden politischen Fortschritt einher

Ogni passo di sviluppo della borghesia era accompagnato da un corrispondente avanzamento politico

Eine unterdrückte Klasse unter der Herrschaft des feudalen Adels

Una classe oppressa sotto l'influenza della nobiltà feudale

ein bewaffneter und selbstverwalteter Verein in der mittelalterlichen Kommune

un'associazione armata e autonoma nel comune medievale

hier eine unabhängige Stadtrepublik (wie in Italien und Deutschland)

qui, una repubblica urbana indipendente (come in Italia e in Germania)

dort ein steuerpflichtiger "dritter Stand" der Monarchie (wie in Frankreich)

lì, un "terzo stato" tassabile della monarchia (come in Francia)

Danach, in der Zeit der eigentlichen Herstellung

successivamente, nel periodo di fabbricazione propriamente detto

die Bourgeoisie diente entweder der halbfeudalen oder der absoluten Monarchie

la borghesia serviva sia la monarchia semifeudale che quella assoluta

oder die Bourgeoisie fungierte als Gegengewicht zum Adel

o la borghesia faceva da contrappeso alla nobiltà

und in der Tat war die Bourgeoisie ein Eckpfeiler der großen Monarchien überhaupt

e, in effetti, la borghesia era una pietra angolare delle grandi monarchie in generale

aber die moderne Industrie und der Weltmarkt haben sich seitdem etabliert

ma l'industria moderna e il mercato mondiale si sono affermati da allora

und die Bourgeoisie hat sich die ausschließliche politische Herrschaft erobert

e la borghesia si è conquistata il dominio politico esclusivo

sie erreichte diese politische Herrschaft durch den modernen repräsentativen Staat

ha raggiunto questo dominio politico attraverso il moderno Stato rappresentativo

Die Exekutive des modernen Staates ist nichts anderes als ein Verwaltungskomitee

Gli esecutivi dello Stato moderno non sono altro che un comitato di gestione

und sie leiten die gemeinsamen Angelegenheiten der gesamten Bourgeoisie

e dirigono gli affari comuni di tutta la borghesia

Die Bourgeoisie hat historisch gesehen eine höchst revolutionäre Rolle gespielt

La borghesia, storicamente, ha svolto un ruolo rivoluzionario

Wo immer sie die Oberhand gewann, machte sie allen feudalen, patriarchalischen und idyllischen Verhältnissen ein Ende

Ovunque abbia preso il sopravvento, ha posto fine a tutte le relazioni feudali, patriarcali e idilliache

Sie hat erbarmungslos die bunten feudalen Bande zerrissen, die den Menschen an seine "natürlichen Vorgesetzten" banden

Ha impietosamente spezzato i variegati legami feudali che legavano l'uomo ai suoi "superiori naturali"

Und es ist kein Nexus zwischen Mensch und Mensch übrig geblieben, außer nacktem Eigeninteresse

e non è rimasto alcun nesso tra uomo e uomo, se non il nudo interesse personale

Die Beziehungen der Menschen zueinander sind zu nichts anderem geworden als zu einer gefühllosen "Geldzahlung"

Le relazioni reciproche dell'uomo non sono diventate altro che un insensibile "pagamento in contanti"

Sie hat die himmlischsten Ekstasen religiöser Inbrunst ertränkt

Ha affogato le più celesti estasi di fervore religioso

sie hat ritterlichen Enthusiasmus und philiströsen Sentimentalismus übertönt

Ha affogato l'entusiasmo cavalleresco e il sentimentalismo filisteo

Sie hat diese Dinge im eisigen Wasser des egoistischen Kalküls ertränkt

Ha annegato queste cose nell'acqua gelida del calcolo egoistico

Sie hat den persönlichen Wert in Tauschwert aufgelöst

Ha trasformato il valore personale in valore di scambio

Sie hat die zahllosen und unveräußerlichen verbrieften Freiheiten ersetzt

Ha sostituito le innumerevoli e inalienabili libertà sancite

und sie hat eine einzige, skrupellose Freiheit geschaffen; Freihandel

e ha istituito un'unica, inconcepibile libertà; Libero scambio

Mit einem Wort, sie hat dies für die Ausbeutung getan

In una parola, lo ha fatto per lo sfruttamento

Ausbeutung, verschleiert durch religiöse und politische Illusionen

sfruttamento velato da illusioni religiose e politiche

Ausbeutung verschleiert durch nackte, schamlose, direkte, brutale Ausbeutung

sfruttamento velato da uno sfruttamento nudo, spudorato, diretto, brutale

die Bourgeoisie hat den Heiligenschein von jedem zuvor geehrten und verehrten Beruf abgestreift

la borghesia ha tolto l'aureola da ogni occupazione prima
onorata e riverita
der Arzt, der Advokat, der Priester, der Dichter und der
Mann der Wissenschaft
il medico, l'avvocato, il prete, il poeta e l'uomo di scienza
Sie hat diese ausgezeichneten Arbeiter in ihre bezahlten
Lohnarbeiter verwandelt
Ha trasformato questi distinti lavoratori in lavoratori salariati
retribuiti
Die Bourgeoisie hat der Familie den sentimentalen Schleier
weggerissen
La borghesia ha strappato il velo sentimentale alla famiglia
Und sie hat das Familienverhältnis auf ein bloßes
Geldverhältnis reduziert
e ha ridotto il rapporto familiare a un mero rapporto di denaro
die brutale Zurschaustellung der Kraft im Mittelalter, die
die Reaktionäre so sehr bewundern
la brutale dimostrazione di vigore nel Medioevo che i
reazionari tanto ammirano
Auch diese fand ihre passende Ergänzung in der trägesten
Trägheit
Anche questo trovava il suo giusto complemento
nell'indolenza più indolente
Die Bourgeoisie hat enthüllt, wie es dazu gekommen ist
La borghesia ha svelato come tutto questo sia avvenuto
Die Bourgeoisie war die erste, die gezeigt hat, was die
Tätigkeit des Menschen bewirken kann
La borghesia è stata la prima a mostrare ciò che l'attività
dell'uomo può produrre
Sie hat Wunder vollbracht, die ägyptische Pyramiden,
römische Aquädukte und gotische Kathedralen bei weitem
übertreffen
Ha compiuto meraviglie che superano di gran lunga le
piramidi egizie, gli acquedotti romani e le cattedrali gotiche

und sie hat Expeditionen durchgeführt, die alle früheren Auszüge von Nationen und Kreuzzügen in den Schatten stellten

e ha condotto spedizioni che hanno messo in ombra tutti i precedenti Esodi di nazioni e crociate

Die Bourgeoisie kann nicht existieren, ohne die Produktionsmittel ständig zu revolutionieren

La borghesia non può esistere senza rivoluzionare costantemente gli strumenti di produzione

und damit kann sie nicht ohne ihre Beziehungen zur Produktion existieren

e quindi non può esistere senza i suoi rapporti con la produzione

und deshalb kann sie nicht ohne ihre Beziehungen zur Gesellschaft existieren

e quindi non può esistere senza le sue relazioni con la società

Alle früheren Industrieklassen hatten eine Bedingung gemeinsam

Tutte le classi industriali precedenti avevano una condizione in comune

Sie setzten auf die Bewahrung der alten Produktionsweisen

Essi si basavano sulla conservazione dei vecchi modi di produzione

aber die Bourgeoisie brachte eine völlig neue Dynamik mit sich

ma la borghesia portò con sé una dinamica completamente nuova

Ständige Revolutionierung der Produktion und ununterbrochene Störung aller gesellschaftlichen Verhältnisse

Rivoluzione costante della produzione e sconvolgimento ininterrotto di tutte le condizioni sociali

diese immerwährende Unsicherheit und Unruhe unterscheidet die Epoche der Bourgeoisie von allen früheren

questa eterna incertezza e agitazione distingue l'epoca della borghesia da tutte quelle precedenti

Die bisherigen Beziehungen zur Produktion waren mit alten und ehrwürdigen Vorurteilen und Meinungen verbunden

I precedenti rapporti con la produzione erano accompagnati da antichi e venerabili pregiudizi e opinioni

Aber all diese festgefahrenen, eingefrorenen Beziehungen werden hinweggefegt

Ma tutte queste relazioni fisse e congelate vengono spazzate via

Alle neu gebildeten Verhältnisse werden antiquiert, bevor sie erstarren können

Tutte le relazioni di nuova formazione diventano antiquate prima di potersi ossificare

Alles, was fest ist, zerschmilzt in Luft, und alles, was heilig ist, wird entweiht

Tutto ciò che è solido si scioglie nell'aria, e tutto ciò che è santo è profanato

Der Mensch ist endlich gezwungen, mit nüchternen Sinnen seinen wirklichen Lebensbedingungen ins Auge zu sehen

L'uomo è finalmente costretto a guardare con sobrietà le sue reali condizioni di vita

und er ist gezwungen, sich seinen Beziehungen zu seinesgleichen zu stellen

ed è costretto ad affrontare i suoi rapporti con la sua specie

Die Bourgeoisie muss ständig ihre Märkte für ihre Produkte erweitern

La borghesia ha costantemente bisogno di espandere i suoi mercati per i suoi prodotti

und deshalb wird die Bourgeoisie über die ganze Erdoberfläche gejagt

e, per questo, la borghesia è inseguita su tutta la superficie del globo

Die Bourgeoisie muss sich überall einnisten, sich überall niederlassen, überall Verbindungen herstellen

La borghesia deve annidarsi dappertutto, stabilirsi dappertutto, stabilire connessioni dappertutto

Die Bourgeoisie muss in jedem Winkel der Welt Märkte schaffen, um sie auszubeuten

La borghesia deve creare mercati in ogni angolo del mondo da sfruttare

Die Produktion und der Konsum in jedem Land haben einen kosmopolitischen Charakter erhalten

Alla produzione e al consumo di ogni paese è stato conferito un carattere cosmopolita

der Verdruss der Reaktionäre ist mit Händen zu greifen, aber er hat sich trotzdem fortgesetzt

il dispiacere dei reazionari è palpabile, ma è andato avanti a prescindere

Die Bourgeoisie hat der Industrie den nationalen Boden, auf dem sie stand, unter den Füßen weggezogen

La borghesia ha tratto da sotto i piedi dell'industria il terreno nazionale su cui si trovava

Alle alteingesessenen nationalen Industrien sind zerstört worden oder werden täglich zerstört

Tutte le vecchie industrie nazionali sono state distrutte, o vengono distrutte ogni giorno

Alle alteingesessenen nationalen Industrien werden durch neue Industrien verdrängt

Tutte le vecchie industrie nazionali vengono spodestate da nuove industrie

Ihre Einführung wird zu einer Frage von Leben und Tod für alle zivilisierten Völker

La loro introduzione diventa una questione di vita o di morte per tutte le nazioni civili

Sie werden von Industrien verdrängt, die keine heimischen Rohstoffe mehr verarbeiten

Vengono spodestati da industrie che non lavorano più materie prime indigene

Stattdessen beziehen diese Industrien Rohstoffe aus den entlegensten Zonen

Invece, queste industrie estraggono materie prime dalle zone più remote

Industrien, deren Produkte nicht nur zu Hause, sondern in allen Teilen der Welt konsumiert werden

industrie i cui prodotti vengono consumati, non solo a casa, ma in ogni parte del globo

An die Stelle der alten Bedürfnisse, die durch die Erzeugnisse des Landes befriedigt werden, treten neue Bedürfnisse

Al posto dei vecchi bisogni, soddisfatti dalle produzioni del paese, troviamo nuovi bisogni

Diese neuen Bedürfnisse bedürfen zu ihrer Befriedigung der Produkte aus fernen Ländern und Klimazonen

Questi nuovi bisogni richiedono per la loro soddisfazione i prodotti di terre e climi lontani

An die Stelle der alten lokalen und nationalen Abgeschiedenheit und Selbstversorgung tritt der Handel

Al posto della vecchia clausura e autosufficienza locale e nazionale, abbiamo il commercio

internationaler Austausch in alle Richtungen; universelle Interdependenz der Nationen

scambi internazionali in ogni direzione; interdipendenza universale delle nazioni

Und so wie wir von Materialien abhängig sind, so sind wir von der intellektuellen Produktion abhängig

E proprio come abbiamo dipendenza dai materiali, così dipendiamo dalla produzione intellettuale

Die geistigen Schöpfungen der einzelnen Nationen werden zum Gemeingut

Le creazioni intellettuali delle singole nazioni diventano proprietà comune

Nationale Einseitigkeit und Engstirnigkeit werden immer unmöglicher

L'unilateralità nazionale e la ristrettezza di vedute diventano sempre più impossibili

Und aus den zahlreichen nationalen und lokalen Literaturen entsteht eine Weltliteratur

e dalle numerose letterature nazionali e locali, nasce una letteratura mondiale

durch die rasche Verbesserung aller Produktionsmittel

mediante il rapido miglioramento di tutti gli strumenti di produzione

durch die immens erleichterten Kommunikationsmittel

con i mezzi di comunicazione immensamente facilitati

Die Bourgeoisie zieht alle (auch die barbarischsten Nationen) in die Zivilisation hinein

La borghesia trascina tutte le nazioni (anche le più barbare) nella civiltà

Die billigen Preise seiner Waren; die schwere Artillerie, die alle chinesischen Mauern niederreißt

I prezzi bassi delle sue merci; l'artiglieria pesante che abbatte tutte le mura cinesi

Der hartnäckige Fremdenhass der Barbaren wird zur Kapitulation gezwungen

L'odio ostinatamente ostinato dei barbari contro gli stranieri è costretto a capitolare

Sie zwingt alle Nationen, unter Androhung des Aussterbens, die Bourgeoisie Produktionsweise anzunehmen

Costringe tutte le nazioni, sotto pena di estinzione, ad adottare il modo di produzione borghese

Sie zwingt sie, das, was sie Zivilisation nennt, in ihre Mitte einzuführen

Li costringe a introdurre in mezzo a loro ciò che chiama civiltà

Die Bourgeoisie zwingt die Barbaren, selbst zur Bourgeoisie zu werden

La borghesia costringe i barbari a diventare essi stessi borghesi

mit einem Wort, die Bourgeoisie schafft sich eine Welt nach ihrem Bilde

in una parola, la borghesia crea un mondo a sua immagine e somiglianza

Die Bourgeoisie hat das Land der Herrschaft der Städte unterworfen

La borghesia ha assoggettato le campagne al dominio delle
città
**Sie hat riesige Städte geschaffen und die Stadtbevölkerung
stark vergrößert**
Ha creato enormi città e aumentato notevolmente la
popolazione urbana
**Sie rettete einen beträchtlichen Teil der Bevölkerung vor der
Idiotie des Landlebens**
Ha salvato una parte considerevole della popolazione
dall'idiozia della vita rurale
**Aber sie hat die Menschen auf dem Lande von den Städten
abhängig gemacht**
ma ha reso gli abitanti delle campagne dipendenti dalle città
**Und ebenso hat sie die barbarischen Länder von den
zivilisierten abhängig gemacht**
e parimenti ha reso i paesi barbari dipendenti da quelli
civilizzati
**Bauernnationen gegen Völker der Bourgeoisie, Osten gegen
Westen**
nazioni di contadini su nazioni di borghesia, l'Oriente
sull'Occidente
**Die Bourgeoisie beseitigt den zerstreuten Zustand der
Bevölkerung mehr und mehr**
La borghesia elimina sempre più lo stato disperso della
popolazione
**Sie hat die Produktion agglomeriert und das Eigentum in
wenigen Händen konzentriert**
Ha agglomerato la produzione e ha concentrato la proprietà in
poche mani
**Die notwendige Konsequenz daraus war eine politische
Zentralisierung**
La conseguenza necessaria di ciò fu l'accentramento politico
**Es gab unabhängige Nationen und lose miteinander
verbundene Provinzen**
C'erano state nazioni indipendenti e province vagamente
collegate

Sie hatten getrennte Interessen, Gesetze, Regierungen und Steuersysteme

Avevano interessi, leggi, governi e sistemi fiscali separati

Aber sie sind zu einer Nation zusammengeschmolzen, mit einer Regierung

ma sono stati raggruppati in un'unica nazione, con un solo governo

Sie haben jetzt ein nationales Klasseninteresse, eine Grenze und einen Zolltarif

Ora hanno un interesse nazionale di classe, una frontiera e una tariffa doganale

Und dieses nationale Klasseninteresse ist unter einem Gesetzbuch vereinigt

E questo interesse nazionale di classe è unificato sotto un unico codice di legge

die Bourgeoisie hat während ihrer knapp hundertjährigen Herrschaft viel erreicht

la borghesia ha fatto molto durante il suo dominio di appena cento anni

massivere und kolossalere Produktivkräfte als alle vorhergehenden Generationen zusammen

forze produttive più massicce e colossali di tutte le generazioni precedenti messe insieme

Die Kräfte der Natur sind dem Willen des Menschen und seiner Maschinerie unterworfen

Le forze della natura sono sottomesse alla volontà dell'uomo e delle sue macchine

Die Chemie wird auf alle Industrieformen und Landwirtschaftsformen angewendet

La chimica è applicata a tutte le forme di industria e a tutti i tipi di agricoltura

Dampfschiffahrt, Eisenbahnen, elektrische Telegraphen und die Druckerpresse

la navigazione a vapore, le ferrovie, i telegrafi elettrici e la stampa

Rodung ganzer Kontinente für den Anbau, Kanalisierung von Flüssen

disboscamento di interi continenti per la coltivazione, canalizzazione dei fiumi

ganze Populationen wurden aus dem Boden gezaubert und an die Arbeit gebracht

intere popolazioni sono state evocate dal terreno e messe al lavoro

Welches frühere Jahrhundert hatte auch nur eine Ahnung von dem, was entfesselt werden könnte?

Quale secolo precedente aveva avuto anche solo un presentimento di ciò che si sarebbe potuto scatenare?

Wer hat vorausgesagt, dass solche Produktivkräfte im Schoß der gesellschaftlichen Arbeit schlummern?

Chi aveva previsto che tali forze produttive dormissero nel grembo del lavoro sociale?

Wir sehen also, daß die Produktions- und Tauschmittel in der feudalen Gesellschaft erzeugt wurden

Vediamo allora che i mezzi di produzione e di scambio sono stati generati nella società feudale

die Produktionsmittel, auf deren Grundlage sich die Bourgeoisie aufbaute

i mezzi di produzione sulle cui fondamenta si è costruita la borghesia

Auf einer bestimmten Stufe der Entwicklung dieser Produktions- und Tauschmittel

Ad un certo stadio dello sviluppo di questi mezzi di produzione e di scambio

die Bedingungen, unter denen die feudale Gesellschaft produzierte und tauschte

le condizioni in cui la società feudale produceva e scambiava

Die feudale Organisation der Landwirtschaft und des verarbeitenden Gewerbes

L'organizzazione feudale dell'agricoltura e dell'industria manifatturiera

Die feudalen Eigentumsverhältnisse waren mit den materiellen Verhältnissen nicht mehr vereinbar

i rapporti feudali di proprietà non erano più compatibili con le condizioni materiali

Sie mussten gesprengt werden, also wurden sie auseinandergesprengt

Dovevano essere fatti a pezzi, quindi sono stati fatti a pezzi

An ihre Stelle trat die freie Konkurrenz der Produktivkräfte

Al loro posto è entrata la libera concorrenza delle forze produttive

Und sie wurden von einer ihr angepassten sozialen und politischen Verfassung begleitet

ed erano accompagnate da una costituzione sociale e politica ad essa adattata

und sie wurde begleitet von der ökonomischen und politischen Herrschaft der Bourgeoisie Klasse

ed era accompagnato dall'influenza economica e politica della classe borghese

Eine ähnliche Bewegung vollzieht sich vor unseren eigenen Augen

Un movimento simile sta avvenendo sotto i nostri occhi

Die moderne Bourgeoisie Gesellschaft mit ihren Produktions-, Tausch- und Eigentumsverhältnissen

La società borghese moderna con i suoi rapporti di produzione, di scambio e di proprietà

eine Gesellschaft, die so gigantische Produktions- und Tauschmittel heraufbeschworen hat

una società che ha evocato mezzi di produzione e di scambio così giganteschi

Es ist wie der Zauberer, der die Mächte der Unterwelt heraufbeschworen hat

È come lo stregone che ha evocato le potenze del mondo inferiore

Aber er ist nicht mehr in der Lage, zu kontrollieren, was er in die Welt gebracht hat

Ma non è più in grado di controllare ciò che ha portato nel mondo

Viele Jahrzehnte lang war die vergangene Geschichte durch einen roten Faden miteinander verbunden

Per molti decenni la storia passata è stata legata da un filo conduttore

Die Geschichte der Industrie und des Handels ist nichts anderes als die Geschichte der Revolten

La storia dell'industria e del commercio non è stata che la storia delle rivolte

die Revolten der modernen Produktivkräfte gegen die modernen Produktionsbedingungen

le rivolte delle moderne forze produttive contro le moderne condizioni di produzione

die Revolten der modernen Produktivkräfte gegen die Eigentumsverhältnisse

le rivolte delle moderne forze produttive contro i rapporti di proprietà

diese Eigentumsverhältnisse sind die Bedingungen für die Existenz der Bourgeoisie

questi rapporti di proprietà sono le condizioni per l'esistenza della borghesia

und die Existenz der Bourgeoisie bestimmt die Regeln der Eigentumsverhältnisse

e l'esistenza della borghesia determina le regole dei rapporti di proprietà

Es genügt, die periodische Wiederkehr von Handelskrisen zu erwähnen

Basti citare il periodico ritorno delle crisi commerciali

jede Handelskrise ist für die Bourgeoisie Gesellschaft bedrohlicher als die letzte

ogni crisi commerciale è più minacciosa per la società borghese della precedente

In diesen Krisen wird ein großer Teil der bestehenden Produkte vernichtet

In queste crisi gran parte dei prodotti esistenti vengono distrutti

Diese Krisen zerstören aber auch die zuvor geschaffenen Produktivkräfte

Ma queste crisi distruggono anche le forze produttive create in precedenza

In allen früheren Epochen wären diese Epidemien als Absurdität erschienen

In tutte le epoche precedenti queste epidemie sarebbero sembrate un'assurdità

denn diese Epidemien sind die kommerziellen Krisen der Überproduktion

Perché queste epidemie sono le crisi commerciali della sovrapproduzione

Die Gesellschaft befindet sich plötzlich wieder in einem Zustand der momentanen Barbarei

La società si ritrova improvvisamente rimessa in uno stato di momentanea barbarie

als ob ein allgemeiner Verwüstungskrieg jede Möglichkeit des Lebensunterhalts abgeschnitten hätte

come se una guerra universale di devastazione avesse tagliato ogni mezzo di sussistenza

Industrie und Handel scheinen zerstört worden zu sein; Und warum?

l'industria e il commercio sembrano essere stati distrutti; E perché?

Weil es zu viel Zivilisation und Subsistenzmittel gibt

Perché c'è troppa civiltà e troppi mezzi di sussistenza

Und weil es zu viel Industrie und zu viel Handel gibt

e perché c'è troppa industria, e troppo commercio

Die Produktivkräfte, die der Gesellschaft zur Verfügung stehen, entwickeln nicht mehr das Bourgeoisie Eigentum

Le forze produttive a disposizione della società non sviluppano più la proprietà borghese

im Gegenteil, sie sind zu mächtig geworden für diese Verhältnisse, durch die sie gefesselt sind

Al contrario, sono diventati troppo potenti per queste condizioni, dalle quali sono incatenati

sobald sie diese Fesseln überwunden haben, bringen sie Unordnung in die ganze Bourgeoisie Gesellschaft

non appena superano queste catene, portano il disordine in tutta la società borghese

und die Produktivkräfte gefährden die Existenz des Bourgeoisie Eigentums

e le forze produttive mettono in pericolo l'esistenza della proprietà borghese

Die Bedingungen der Bourgeoisie Gesellschaft sind zu eng, um den von ihnen geschaffenen Reichtum zu erfassen

Le condizioni della società borghese sono troppo anguste per comprendere la ricchezza da esse creata

Und wie überwindet die Bourgeoisie diese Krisen?

E come fa la borghesia a superare queste crisi?

Einerseits überwindet sie diese Krisen durch die erzwungene Vernichtung einer Masse von Produktivkräften

Da un lato, supera queste crisi con la distruzione forzata di una massa di forze produttive

Andererseits überwindet sie diese Krisen durch die Eroberung neuer Märkte

dall'altro, supera queste crisi con la conquista di nuovi mercati

Und sie überwindet diese Krisen durch die gründlichere Ausbeutung der alten Produktivkräfte

e supera queste crisi con lo sfruttamento più completo delle vecchie forze produttive

Das heißt, indem sie den Weg für umfangreichere und zerstörerischere Krisen ebnen

Vale a dire, aprendo la strada a crisi più estese e più distruttive

Sie überwindet die Krise, indem sie die Mittel zur Krisenprävention einschränkt

Supera la crisi diminuendo i mezzi con cui le crisi vengono prevenute

Die Waffen, mit denen die Bourgeoisie den Feudalismus zu Fall brachte, sind jetzt gegen sich selbst gerichtet

Le armi con le quali la borghesia ha abbattuto il feudalesimo sono ora rivolte contro se stessa

Aber die Bourgeoisie hat nicht nur die Waffen geschmiedet, die sich selbst den Tod bringen

Ma non solo la borghesia ha forgiato le armi che portano la morte a se stessa

Sie hat auch die Männer ins Leben gerufen, die diese Waffen führen sollen

Ha anche chiamato all'esistenza gli uomini che devono brandire quelle armi

Und diese Männer sind die moderne Arbeiterklasse; Sie sind die Proletarier

e questi uomini sono la classe operaia moderna; sono i proletari

In dem Maße, wie die Bourgeoisie entwickelt ist, entwickelt sich auch das Proletariat

Nella misura in cui si sviluppa la borghesia, nella stessa proporzione si sviluppa il proletariato

Die moderne Arbeiterklasse entwickelte eine Klasse von Arbeitern

La classe operaia moderna ha sviluppato una classe di operai

Diese Klasse von Arbeitern lebt nur so lange, wie sie Arbeit findet

Questa classe di operai vive solo fino a quando trova lavoro

Und sie finden nur so lange Arbeit, wie ihre Arbeit das Kapital vermehrt

e trovano lavoro solo finché il loro lavoro aumenta il capitale

Diese Arbeiter, die sich stückweise verkaufen müssen, sind eine Ware

Questi operai, che devono vendersi a pezzi, sono una merce

Diese Arbeiter sind wie jeder andere Handelsartikel

Questi operai sono come ogni altro articolo di commercio

und sie sind folglich allen Wechselfällen des Wettbewerbs ausgesetzt

e di conseguenza sono esposti a tutte le vicissitudini della concorrenza

Sie müssen alle Schwankungen des Marktes überstehen

Devono resistere a tutte le fluttuazioni del mercato

Aufgrund des umfangreichen Maschineneinsatzes und der Arbeitsteilung

A causa dell'uso estensivo di macchinari e della divisione del lavoro

Die Arbeit der Proletarier hat jeden individuellen Charakter verloren

L'opera dei proletari ha perduto ogni carattere individuale

Und folglich hat die Arbeit der Proletarier für den Arbeiter jeden Reiz verloren

E di conseguenza, il lavoro dei proletari ha perso ogni fascino per l'operaio

Er wird zu einem Anhängsel der Maschine und nicht mehr zu dem Mann, der er einmal war

Diventa un'appendice della macchina, piuttosto che l'uomo che era una volta

Nur das einfachste, eintönigste und am leichtesten zu erwerbende Geschick wird von ihm verlangt

Gli è richiesta solo l'abilità più semplice, monotona e più facile da acquisire

Daher sind die Produktionskosten eines Arbeiters begrenzt

Quindi, il costo di produzione di un operaio è limitato

sie beschränkt sich fast ausschließlich auf die Mittel zur Bestreitung des Lebensunterhalts, die er zu seinem Unterhalt benötigt

essa è limitata quasi interamente ai mezzi di sussistenza di cui egli ha bisogno per il suo sostentamento

und sie beschränkt sich auf die Subsistenzmittel, die er zur Fortpflanzung seiner Rasse benötigt

ed è limitato ai mezzi di sussistenza di cui egli ha bisogno per la propagazione della sua razza

Aber der Preis einer Ware, also auch der Arbeit, ist gleich ihren Produktionskosten

Ma il prezzo di una merce, e quindi anche del lavoro, è uguale al suo costo di produzione

In dem Maße also, wie die Widerwärtigkeit der Arbeit zunimmt, sinkt der Lohn

In proporzione, quindi, all'aumentare della repulsività del lavoro, il salario diminuisce

Ja, die Widerwärtigkeit seiner Arbeit nimmt sogar noch mehr zu

Anzi, la ripugnanza della sua opera aumenta a un ritmo ancora maggiore

In dem Maße, wie der Einsatz von Maschinen und die Arbeitsteilung zunehmen, steigt auch die Last der Arbeit

Con l'aumento dell'uso delle macchine e della divisione del lavoro, aumenta anche il peso della fatica

Die Arbeitsbelastung wird durch die Verlängerung der Arbeitszeit erhöht

Il peso della fatica è aumentato dal prolungamento dell'orario di lavoro

Dem Arbeiter wird in der gleichen Zeit mehr zugemutet als zuvor

Ci si aspetta di più dall'operaio nello stesso tempo di prima

Und natürlich wird die Last der Arbeit durch die Geschwindigkeit der Maschinerie erhöht

e naturalmente il peso della fatica è aumentato dalla velocità della macchina

Die moderne Industrie hat die kleine Werkstatt des patriarchalischen Meisters in die große Fabrik des industriellen Kapitalisten verwandelt

L'industria moderna ha trasformato la piccola bottega del padrone patriarcale nella grande fabbrica del capitalista industriale

Massen von Arbeitern, die in die Fabrik gedrängt sind, sind wie Soldaten organisiert

Masse di operai, ammassati nella fabbrica, sono organizzati come soldati

Als Gefreite der Industriearmee stehen sie unter dem Kommando einer vollkommenen Hierarchie von Offizieren und Unteroffizieren

Come soldati semplici dell'esercito industriale sono posti sotto il comando di una perfetta gerarchia di ufficiali e sergenti

sie sind nicht nur die Sklaven der Bourgeoisie und des Staates

non sono solo gli schiavi della classe borghese e dello Stato

Aber sie werden auch täglich und stündlich von der Maschine versklavt

ma sono anche quotidianamente e ogni ora schiavizzati dalla macchina

sie sind Sklaven des Aufsehers und vor allem des einzelnen Bourgeoisie Fabrikanten selbst

essi sono schiavi dell'osservatore e, soprattutto, del singolo industriale borghese stesso

Je offener dieser Despotismus den Gewinn als seinen Zweck und sein Ziel proklamiert, desto kleinlicher, verhaßter und verbitterender ist er

Quanto più apertamente questo dispotismo proclama il guadagno come suo fine e il suo scopo, tanto più meschino, tanto più odioso e più amareggiato è

Je mehr sich die moderne Industrie entwickelt, desto geringer sind die Unterschiede zwischen den Geschlechtern

Quanto più l'industria moderna si sviluppa, tanto minori sono le differenze tra i sessi

Je geringer die Geschicklichkeit und Kraftanstrengung der Handarbeit ist, desto mehr wird die Arbeit der Männer von der der Frauen verdrängt

Quanto meno l'abilità e l'esercizio della forza implicano nel lavoro manuale, tanto più il lavoro degli uomini è sostituito da quello delle donne

Alters- und Geschlechtsunterschiede haben für die Arbeiterklasse keine besondere gesellschaftliche Gültigkeit mehr

Le differenze di età e di sesso non hanno più alcuna validità
sociale distintiva per la classe operaia
**Alle sind Arbeitsinstrumente, die je nach Alter und
Geschlecht mehr oder weniger teuer zu gebrauchen sind**
Sono tutti strumenti di lavoro, più o meno costosi da usare, a
seconda dell'età e del sesso
**sobald der Arbeiter seinen Lohn in bar erhält, wird er von
den übrigen Teilen der Bourgeoisie angegriffen**
non appena l'operaio riceve il suo salario in contanti, allora è
attaccato dalle altre parti della borghesia
der Vermieter, der Ladenbesitzer, der Pfandleiher usw
il padrone di casa, il negoziante, il banco dei pegni, ecc
**Die unteren Schichten der Mittelschicht; die kleinen
Handwerker und Ladenbesitzer**
Gli strati inferiori della classe media; i piccoli artigiani e i
negozianti
**die pensionierten Gewerbetreibenden überhaupt, die
Handwerker und Bauern**
i commercianti in pensione, in generale, e gli artigiani e i
contadini
all dies sinkt allmählich in das Proletariat ein
tutti questi sprofondano a poco a poco nel proletariato
**theils deshalb, weil ihr winziges Kapital nicht ausreicht für
den Maßstab, in dem die moderne Industrie betrieben wird**
in parte perché il loro minuscolo capitale non è sufficiente per
la scala su cui si svolge l'industria moderna
**und weil sie in der Konkurrenz mit den Großkapitalisten
überschwemmt wird**
e perché è sommersa dalla concorrenza con i grandi capitalisti
**zum Teil deshalb, weil ihr spezialisiertes Können durch die
neuen Produktionsmethoden wertlos wird**
in parte perché la loro abilità specialistica è resa inutile dai
nuovi metodi di produzione
**So rekrutiert sich das Proletariat aus allen Klassen der
Bevölkerung**

Così il proletariato è reclutato da tutte le classi della popolazione

Das Proletariat durchläuft verschiedene Entwicklungsstufen

Il proletariato attraversa vari stadi di sviluppo

Mit ihrer Geburt beginnt der Kampf mit der Bourgeoisie

Con la sua nascita inizia la sua lotta contro la borghesia

Zuerst wird der Kampf von einzelnen Arbeitern geführt

All'inizio la lotta è portata avanti da singoli operai

Dann wird der Kampf von den Arbeitern einer Fabrik ausgetragen

Poi la gara è portata avanti dagli operai di una fabbrica

Dann wird der Kampf von den Arbeitern eines Gewerbes an einem Ort ausgetragen

Poi la gara è condotta dagli operai di un mestiere, in una località

und der Kampf richtet sich dann gegen die einzelne Bourgeoisie, die sie direkt ausbeutet

e la contesa è allora contro la singola borghesia che li sfrutta direttamente

Sie richten ihre Angriffe nicht gegen die Bourgeoisie Produktionsbedingungen

Essi dirigono i loro attacchi non contro le condizioni di produzione della borghesia

aber sie richten ihren Angriff gegen die Produktionsmittel selbst

ma essi dirigono il loro attacco contro gli stessi strumenti di produzione

Sie vernichten importierte Waren, die mit ihrer Arbeitskraft konkurrieren

distruggono le merci importate che competono con la loro manodopera

Sie zertrümmern Maschinen und setzen Fabriken in Brand

Fanno a pezzi i macchinari e incendiano le fabbriche

sie versuchen, den verschwundenen Status des Arbeiters des Mittelalters mit Gewalt wiederherzustellen

cercano di restaurare con la forza lo status scomparso
dell'operaio del Medioevo
**In diesem Stadium bilden die Arbeiter noch eine
unzusammenhängende Masse, die über das ganze Land
verstreut ist**
In questa fase gli operai formano ancora una massa incoerente
sparsa in tutto il paese
**und sie werden durch ihre gegenseitige Konkurrenz
zerrissen**
e sono spezzati dalla loro reciproca concorrenza
**Wenn sie sich irgendwo zu kompakteren Körpern
vereinigen, so ist dies noch nicht die Folge ihrer eigenen
aktiven Vereinigung**
Se in qualche luogo si uniscono per formare corpi più
compatti, ciò non è ancora la conseguenza della loro unione
attiva
**aber es ist eine Folge der Vereinigung der Bourgeoisie, ihre
eigenen politischen Ziele zu erreichen**
ma è una conseguenza dell'unione della borghesia, per
raggiungere i propri fini politici
**die Bourgeoisie ist gezwungen, das ganze Proletariat in
Bewegung zu setzen**
la borghesia è costretta a mettere in moto tutto il proletariato
**und überdies ist die Bourgeoisie eine Zeitlang dazu in der
Lage**
e inoltre, per un certo momento, la borghesia è in grado di
farlo
**In diesem Stadium kämpfen die Proletarier also nicht gegen
ihre Feinde**
In questa fase, quindi, i proletari non combattono i loro nemici
Stattdessen kämpfen sie gegen die Feinde ihrer Feinde
ma invece stanno combattendo i nemici dei loro nemici
**Der Kampf gegen die Überreste der absoluten Monarchie
und die Großgrundbesitzer**
la lotta contro i resti della monarchia assoluta e i proprietari
terrieri

sie bekämpfen die nicht-industrielle Bourgeoisie; das
Kleiliche Bourgeoisie
combattono la borghesia non industriale; la piccola borghesia
So ist die ganze historische Bewegung in den Händen der
Bourgeoisie konzentriert
Così tutto il movimento storico è concentrato nelle mani della
borghesia
jeder so errungene Sieg ist ein Sieg der Bourgeoisie
ogni vittoria così ottenuta è una vittoria per la borghesia
Aber mit der Entwicklung der Industrie wächst nicht nur die
Zahl des Proletariats
Ma con lo sviluppo dell'industria il proletariato non solo
aumenta di numero
das Proletariat konzentriert sich in größeren Massen und
seine Kraft wächst
il proletariato si concentra in masse più grandi e la sua forza
cresce
und das Proletariat spürt diese Kraft mehr und mehr
e il proletariato sente sempre più questa forza
Die verschiedenen Interessen und Lebensbedingungen in
den Reihen des Proletariats gleichen sich mehr und mehr an
I diversi interessi e condizioni di vita nelle file del proletariato
sono sempre più uguali
sie werden in dem Maße größer, wie die Maschinerie alle
Unterschiede der Arbeit verwischt
Esse diventano tanto più in proporzione quanto più le
macchine cancellano tutte le distinzioni di lavoro
Und die Maschinen senken fast überall die Löhne auf das
gleiche niedrige Niveau
e i macchinari quasi dappertutto riducono i salari allo stesso
basso livello
Die wachsende Konkurrenz der Bourgeoisie und die daraus
resultierenden Handelskrisen lassen die Löhne der Arbeiter
immer schwankender

La crescente concorrenza tra la borghesia e le crisi commerciali che ne derivano rendono i salari degli operai sempre più fluttuanti

Die unaufhörliche Verbesserung der sich immer schneller entwickelnden Maschinen macht ihren Lebensunterhalt immer prekärer

L'incessante miglioramento delle macchine, in continuo sviluppo, rende il loro sostentamento sempre più precario

die Kollisionen zwischen einzelnen Arbeitern und einzelnen Bourgeoisien nehmen immer mehr den Charakter von Zusammenstößen zwischen zwei Klassen an

gli scontri tra i singoli operai e la borghesia individuale assumono sempre più il carattere di scontri tra due classi

Darauf beginnen die Arbeiter, sich gegen die Bourgeoisie zu verbünden (Gewerkschaften)

A quel punto gli operai cominciano a formare associazioni (sindacati) contro la borghesia

Sie schließen sich zusammen, um die Löhne hoch zu halten

si associano per mantenere alto il ritmo dei salari

sie gründeten ständige Vereinigungen, um für diese gelegentlichen Revolten im voraus Vorsorge zu treffen

Fondarono associazioni permanenti per provvedere in anticipo a queste rivolte occasionali

Hier und da bricht der Wettkampf in Ausschreitungen aus

Qua e là la contesa scoppia in rivolte

Hin und wieder siegen die Arbeiter, aber nur für eine gewisse Zeit

Di tanto in tanto gli operai sono vittoriosi, ma solo per un po'

Die wirkliche Frucht ihrer Kämpfe liegt nicht in den unmittelbaren Ergebnissen, sondern in der immer größer werdenden Vereinigung der Arbeiter

Il vero frutto delle loro battaglie non sta nel risultato immediato, ma nell'unione sempre più ampia dei lavoratori

Diese Vereinigung wird durch die verbesserten Kommunikationsmittel unterstützt, die von der modernen Industrie geschaffen werden

Questa unione è favorita dal miglioramento dei mezzi di
comunicazione creati dall'industria moderna

**Die moderne Kommunikation bringt die Arbeiter
verschiedener Orte miteinander in Kontakt**

La comunicazione moderna mette in contatto gli operai delle
diverse località gli uni con gli altri

**Es war gerade dieser Kontakt, der nötig war, um die
zahlreichen lokalen Kämpfe zu einem nationalen Kampf
zwischen den Klassen zu zentralisieren**

Era proprio questo contatto che era necessario per
centralizzare le numerose lotte locali in un'unica lotta
nazionale tra le classi

**Alle diese Kämpfe haben den gleichen Charakter, und jeder
Klassenkampf ist ein politischer Kampf**

Tutte queste lotte hanno lo stesso carattere, e ogni lotta di
classe è una lotta politica

**die Bürger des Mittelalters mit ihren elenden Landstraßen
brauchten Jahrhunderte, um ihre Vereinigungen zu bilden**

i borghesi del Medioevo, con le loro misere strade,
impiegarono secoli per formare le loro unioni

**Die modernen Proletarier erreichen dank der Eisenbahn ihre
Gewerkschaften innerhalb weniger Jahre**

I proletari moderni, grazie alle ferrovie, realizzano le loro
unioni nel giro di pochi anni

**Diese Organisation der Proletarier zu einer Klasse formte sie
folglich zu einer politischen Partei**

Questa organizzazione dei proletari in classe li formò di
conseguenza in un partito politico

**Die politische Klasse wird immer wieder durch die
Konkurrenz zwischen den Arbeitern selbst verärgert**

La classe politica è continuamente sconvolta dalla concorrenza
tra gli stessi lavoratori

**Aber die politische Klasse erhebt sich weiter, stärker, fester,
mächtiger**

Ma la classe politica continua a rialzarsi, più forte, più ferma,
più potente

Er zwingt zur gesetzgeberischen Anerkennung der besonderen Interessen der Arbeitnehmer
Obbliga il riconoscimento legislativo degli interessi particolari dei lavoratori

sie tut dies, indem sie sich die Spaltungen innerhalb der Bourgeoisie selbst zunutze macht
lo fa approfittando delle divisioni all'interno della stessa borghesia

Damit wurde das Zehnstundengesetz in England in Kraft gesetzt
Così il disegno di legge delle dieci ore in Inghilterra è stato convertito in legge

in vielerlei Hinsicht ist der Zusammenstoß zwischen den Klassen der alten Gesellschaft ferner der Entwicklungsgang des Proletariats
per molti versi gli scontri tra le classi della vecchia società sono inoltre il corso dello sviluppo del proletariato

Die Bourgeoisie befindet sich in einem ständigen Kampf
La borghesia si trova coinvolta in una battaglia costante

Zuerst wird sie sich in einem ständigen Kampf mit der Aristokratie wiederfinden
All'inizio si troverà coinvolto in una costante battaglia con l'aristocrazia

später wird sie sich in einem ständigen Kampf mit diesen Teilen der Bourgeoisie selbst wiederfinden
in seguito si troverà coinvolta in una lotta costante con quelle parti della borghesia stessa

und ihre Interessen werden dem Fortschritt der Industrie entgegengesetzt sein
e i loro interessi saranno divenuti antagonisti al progresso dell'industria

zu allen Zeiten werden ihre Interessen mit der Bourgeoisie fremder Länder in Konflikt geraten sein
in ogni momento, i loro interessi saranno diventati antagonisti con la borghesia dei paesi stranieri

In allen diesen Kämpfen sieht sie sich genötigt, an das Proletariat zu appellieren, und bittet es um Hilfe

In tutte queste battaglie si vede costretto a fare appello al proletariato e chiede il suo aiuto

Und so wird sie sich gezwungen sehen, sie in die politische Arena zu zerren

E quindi, si sentirà in dovere di trascinarlo nell'arena politica

Die Bourgeoisie selbst versorgt also das Proletariat mit ihren eigenen Instrumenten der politischen und allgemeinen Erziehung

La borghesia stessa fornisce quindi al proletariato i propri strumenti di educazione politica e generale

mit anderen Worten, sie liefert dem Proletariat Waffen für den Kampf gegen die Bourgeoisie

in altre parole, fornisce al proletariato le armi per combattere la borghesia

Ferner werden, wie wir schon gesehen haben, ganze Schichten der herrschenden Klassen in das Proletariat hineingestürzt

Inoltre, come abbiamo già visto, interi settori delle classi dominanti sono precipitati nel proletariato

der Fortschritt der Industrie saugt sie in das Proletariat hinein

l'avanzata dell'industria li risucchia nel proletariato

oder zumindest sind sie in ihren Existenzbedingungen bedroht

O, almeno, sono minacciati nelle loro condizioni di esistenza

Diese versorgen auch das Proletariat mit frischen Elementen der Aufklärung und des Fortschritts

Esse forniscono anche al proletariato nuovi elementi di illuminazione e di progresso

Endlich, in Zeiten, in denen sich der Klassenkampf der entscheidenden Stunde nähert

Infine, nei momenti in cui la lotta di classe si avvicina all'ora decisiva

Der Auflösungsprozess innerhalb der herrschenden Klasse

il processo di dissoluzione in corso all'interno della classe dominante

In der Tat wird die Auflösung, die sich innerhalb der herrschenden Klasse vollzieht, in der gesamten Bandbreite der Gesellschaft zu spüren sein

In effetti, la dissoluzione in atto all'interno della classe dominante si farà sentire in tutta la gamma della società

Sie wird einen so gewalttätigen, krassen Charakter annehmen, dass ein kleiner Teil der herrschenden Klasse sich selbst abtreibt

Assumerà un carattere così violento e lampante che una piccola parte della classe dominante si ridurrà alla deriva

Und diese herrschende Klasse wird sich der revolutionären Klasse anschließen

e che la classe dominante si unirà alla classe rivoluzionaria

Die revolutionäre Klasse ist die Klasse, die die Zukunft in ihren Händen hält

La classe rivoluzionaria è la classe che ha il futuro nelle sue mani

Wie in früheren Zeiten ging ein Teil des Adels zur Bourgeoisie über

Proprio come in un periodo precedente, una parte della nobiltà passò alla borghesia

ebenso wird ein Teil der Bourgeoisie zum Proletariat übergehen

allo stesso modo una parte della borghesia passerà al proletariato

insbesondere wird ein Teil der Bourgeoisie zu einem Teil der Bourgeoisie Ideologen übergehen

in particolare, una parte della borghesia passerà a una parte degli ideologi borghesi

Bourgeoisie Ideologen, die sich auf die Ebene erhoben haben, die historische Bewegung als Ganzes theoretisch zu begreifen

Ideologi borghesi che si sono elevati al livello di comprensione teorica del movimento storico nel suo insieme

Von allen Klassen, die heute der Bourgeoisie gegenüberstehen, ist das Proletariat allein eine wirklich revolutionäre Klasse

Di tutte le classi che oggi si trovano faccia a faccia con la borghesia, solo il proletariato è una classe veramente rivoluzionaria

Die anderen Klassen zerfallen und verschwinden schließlich im Angesicht der modernen Industrie

Le altre classi decadono e alla fine scompaiono di fronte all'industria moderna

das Proletariat ist ihr besonderes und wesentliches Produkt

il proletariato è il suo prodotto speciale ed essenziale

Die untere Mittelschicht, der kleine Fabrikant, der Ladenbesitzer, der Handwerker, der Bauer

La piccola borghesia, il piccolo industriale, il negoziante, l'artigiano, il contadino

all diese Kämpfe gegen die Bourgeoisie

tutte queste lotte contro la borghesia

Sie kämpfen als Fraktionen der Mittelschicht, um sich vor dem Aussterben zu retten

Combattono come frazioni della classe media per salvarsi dall'estinzione

Sie sind also nicht revolutionär, sondern konservativ

Non sono quindi rivoluzionari, ma conservatori

Ja, mehr noch, sie sind reaktionär, denn sie versuchen, das Rad der Geschichte zurückzudrehen

Anzi, sono reazionari, perché cercano di far tornare indietro la ruota della storia

Wenn sie zufällig revolutionär sind, so sind sie es nur im Hinblick auf ihre bevorstehende Überführung in das Proletariat

Se per caso sono rivoluzionari, lo sono solo in vista del loro imminente passaggio al proletariato

Sie verteidigen also nicht ihre gegenwärtigen, sondern ihre zukünftigen Interessen

In questo modo non difendono i loro interessi presenti, ma
quelli futuri
**sie verlassen ihren eigenen Standpunkt, um sich auf den des
Proletariats zu stellen**
abbandonano il proprio punto di vista per porsi a quello del
proletariato
**Die »gefährliche Klasse«, der soziale Abschaum, diese
passiv verrottende Masse, die von den untersten Schichten
der alten Gesellschaft abgeworfen wird**
La "classe pericolosa", la feccia sociale, quella massa
passivamente in putrefazione gettata via dagli strati più bassi
della vecchia società
**sie können hier und da von einer proletarischen Revolution
in die Bewegung hineingerissen werden**
Possono, qua e là, essere trascinati nel movimento da una
rivoluzione proletaria
**Seine Lebensbedingungen bereiten ihn jedoch viel mehr auf
die Rolle eines bestochenen Werkzeugs reaktionärer
Intrigen vor**
Le sue condizioni di vita, tuttavia, lo preparano molto di più
alla parte di uno strumento corrotto di intrighi reazionari
**In den Verhältnissen des Proletariats sind die Verhältnisse
der alten Gesellschaft im Allgemeinen bereits praktisch
überschwemmt**
Nelle condizioni del proletariato, quelle della vecchia società
in generale sono già virtualmente sommerse
Der Proletarier ist ohne Eigentum
Il proletario è senza proprietà
**sein Verhältnis zu Frau und Kindern hat mit den
Familienverhältnissen der Bourgeoisie nichts mehr gemein**
il suo rapporto con la moglie e i figli non ha più nulla in
comune con i rapporti familiari della borghesia
**moderne industrielle Arbeit, moderne Unterwerfung unter
das Kapital, dasselbe in England wie in Frankreich, in
Amerika wie in Deutschland**

Il lavoro industriale moderno, la sudditanza moderna al capitale, lo stesso in Inghilterra come in Francia, in America come in Germania

Seine Stellung in der Gesellschaft hat ihm jede Spur von nationalem Charakter genommen

La sua condizione sociale lo ha spogliato di ogni traccia di carattere nazionale

Gesetz, Moral, Religion sind für ihn so viele Bourgeoisie Vorurteile

La legge, la morale, la religione, sono per lui altrettanti pregiudizi borghesi

und hinter diesen Vorurteilen lauern ebenso viele Bourgeoisie Interessen

e dietro questi pregiudizi si nascondono in agguato altrettanti interessi borghesi

Alle vorhergehenden Klassen, die die Oberhand gewannen, versuchten, ihren bereits erworbenen Status zu festigen

Tutte le classi precedenti che hanno preso il sopravvento, hanno cercato di fortificare il loro status già acquisito

Sie taten dies, indem sie die Gesellschaft als Ganzes ihren Aneignungsbedingungen unterwarfen

Lo hanno fatto sottoponendo la società in generale alle loro condizioni di appropriazione

Die Proletarier können nicht Herren der Produktivkräfte der Gesellschaft werden

I proletari non possono diventare padroni delle forze produttive della società

Sie kann dies nur tun, indem sie ihre eigene bisherige Aneignungsweise abschafft

Può farlo solo abolendo il loro precedente modo di appropriazione

Und damit hebt sie auch jede andere bisherige Aneignungsweise auf

e con ciò abolisce anche ogni altro modo precedente di appropriazione

Sie haben nichts Eigenes zu sichern und zu festigen

Non hanno nulla di loro da proteggere e da fortificare
Ihre Aufgabe ist es, alle bisherigen Sicherheiten und Versicherungen für individuelles Eigentum zu vernichten
La loro missione è quella di distruggere tutti i precedenti titoli e le assicurazioni sulla proprietà individuale
Alle bisherigen historischen Bewegungen waren Bewegungen von Minderheiten
Tutti i movimenti storici precedenti erano movimenti di minoranze
oder es handelte sich um Bewegungen im Interesse von Minderheiten
o erano movimenti nell'interesse delle minoranze
Die proletarische Bewegung ist die selbstbewusste, selbständige Bewegung der ungeheuren Mehrheit
Il movimento proletario è il movimento autocosciente e indipendente dell'immensa maggioranza
Und es ist eine Bewegung im Interesse der großen Mehrheit
Ed è un movimento nell'interesse dell'immensa maggioranza
Das Proletariat, die unterste Schicht unserer heutigen Gesellschaft
Il proletariato, lo strato più basso della nostra società attuale
Sie kann sich nicht regen oder erheben, ohne daß die ganze übergeordnete Schicht der offiziellen Gesellschaft in die Luft geschleudert wird
Non può muoversi o sollevarsi senza che tutti gli strati sovrastanti della società ufficiale siano balzati in aria
Der Kampf des Proletariats mit der Bourgeoisie ist, wenn auch nicht der Substanz nach, doch zunächst ein nationaler Kampf
Anche se non nella sostanza, ma nella forma, la lotta del proletariato contro la borghesia è in primo luogo una lotta nazionale
Das Proletariat eines jeden Landes muss natürlich vor allem mit seiner eigenen Bourgeoisie abrechnen
Il proletariato di ogni paese deve, naturalmente, prima di tutto risolvere i conti con la propria borghesia

Indem wir die allgemeinsten Phasen der Entwicklung des Proletariats schilderten, verfolgten wir den mehr oder weniger verhüllten Bürgerkrieg

Nel dipingere le fasi più generali dello sviluppo del proletariato, abbiamo tracciato la guerra civile più o meno velata

Diese Zivilgesellschaft wütet in der bestehenden Gesellschaft

Questo civile sta imperversando all'interno della società esistente

Er wird bis zu dem Punkt wüten, an dem dieser Krieg in eine offene Revolution ausbricht

Infurierà fino al punto in cui la guerra scoppierà in una rivoluzione aperta

und dann legt der gewaltsame Sturz der Bourgeoisie die Grundlage für die Herrschaft des Proletariats

e poi il rovesciamento violento della borghesia pone le basi per il dominio del proletariato

Bisher beruhte jede Gesellschaftsform, wie wir bereits gesehen haben, auf dem Antagonismus unterdrückender und unterdrückter Klassen

Finora, ogni forma di società si è basata, come abbiamo già visto, sull'antagonismo tra classi oppresse e oppresse

Um aber eine Klasse zu unterdrücken, müssen ihr gewisse Bedingungen zugesichert werden

Ma per opprimere una classe, è necessario assicurarle certe condizioni

Die Klasse muss unter Bedingungen gehalten werden, unter denen sie wenigstens ihre sklavische Existenz fortsetzen kann

La classe deve essere mantenuta in condizioni in cui possa, almeno, continuare la sua esistenza servile

Der Leibeigene erhob sich in der Zeit der Leibeigenschaft zum Mitglied der Kommune

Il servo della gleba, nel periodo della servitù della gleba, si elevò a membro della comune

so wie es dem Kleinbourgeoisie unter dem Joch des feudalen Absolutismus gelang, sich zur Bourgeoisie zu entwickeln

così come la piccola borghesia, sotto il giogo dell'assolutismo feudale, è riuscita a trasformarsi in borghesia

Der moderne Arbeiter dagegen sinkt, anstatt sich mit dem Fortschritt der Industrie zu erheben, immer tiefer

L'operaio moderno, al contrario, invece di elevarsi con il progresso dell'industria, sprofonda sempre più

Er sinkt unter die Existenzbedingungen seiner eigenen Klasse

sprofonda al di sotto delle condizioni di esistenza della propria classe

Er wird ein Bettler, und der Pauperismus entwickelt sich schneller als Bevölkerung und Reichtum

Diventa un povero, e il pauperismo si sviluppa più rapidamente della popolazione e della ricchezza

Und hier zeigt sich, dass die Bourgeoisie nicht mehr geeignet ist, die herrschende Klasse in der Gesellschaft zu sein

E qui diventa evidente che la borghesia non è più adatta ad essere la classe dominante nella società

und sie ist ungeeignet, der Gesellschaft ihre Existenzbedingungen als übergeordnetes Gesetz aufzuzwingen

ed è inadatto a imporre le sue condizioni di esistenza alla società come una legge suprema

Sie ist unfähig zu herrschen, weil sie unfähig ist, ihrem Sklaven in seiner Sklaverei eine Existenz zu sichern

È inadatto a governare perché è incapace di assicurare un'esistenza al suo schiavo all'interno della sua schiavitù

denn sie kann nicht anders, als ihn in einen solchen Zustand sinken zu lassen, daß sie ihn ernähren muss, statt von ihm gefüttert zu werden

perché non può fare a meno di lasciarlo sprofondare in un tale stato, che deve nutrirlo, invece di essere nutrito da lui

Die Gesellschaft kann nicht länger unter dieser Bourgeoisie leben

La società non può più vivere sotto questa borghesia

Mit anderen Worten, ihre Existenz ist nicht mehr mit der Gesellschaft vereinbar

In altre parole, la sua esistenza non è più compatibile con la società

Die wesentliche Bedingung für die Existenz und die Herrschaft der Bourgeoisie Klasse ist die Bildung und Vermehrung des Kapitals

La condizione essenziale per l'esistenza e per l'influenza della classe borghese è la formazione e l'accrescimento del capitale

Die Bedingung für das Kapital ist Lohnarbeit

La condizione per il capitale è il lavoro salariato

Die Lohnarbeit beruht ausschließlich auf der Konkurrenz zwischen den Arbeitern

Il lavoro salariato si basa esclusivamente sulla concorrenza tra gli operai

Der Fortschritt der Industrie, deren unfreiwilliger Förderer die Bourgeoisie ist, tritt an die Stelle der Isolierung der Arbeiter

Il progresso dell'industria, il cui promotore involontario è la borghesia, sostituisce l'isolamento degli operai

durch die Konkurrenz, durch ihre revolutionäre Kombination, durch die Assoziation

a causa della concorrenza, a causa della loro combinazione rivoluzionaria, a causa dell'associazione

Die Entwicklung der modernen Industrie schneidet ihr die Grundlage unter den Füßen weg, auf der die Bourgeoisie Produkte produziert und sich aneignet

Lo sviluppo dell'industria moderna toglie da sotto i suoi piedi le fondamenta stesse su cui la borghesia produce e si appropria dei prodotti

Was die Bourgeoisie vor allem produziert, sind ihre eigenen Totengräber

Ciò che la borghesia produce, soprattutto, sono i suoi becchini

Der Sturz der Bourgeoisie und der Sieg des Proletariats sind gleichermaßen unvermeidlich

La caduta della borghesia e la vittoria del proletariato sono ugualmente inevitabili

Proletarier und Kommunisten
Proletari e comunisti

In welchem Verhältnis stehen die Kommunisten zu den Proletariern insgesamt?

In che rapporto si collocano i comunisti con l'insieme dei proletari?

Die Kommunisten bilden keine eigene Partei, die anderen Arbeiterparteien entgegengesetzt ist

I comunisti non formano un partito separato che si contrappone agli altri partiti della classe operaia

Sie haben keine Interessen, die von denen des Proletariats als Ganzes getrennt und getrennt sind

Essi non hanno interessi separati e separati da quelli del proletariato nel suo insieme

Sie stellen keine eigenen sektiererischen Prinzipien auf, nach denen sie die proletarische Bewegung formen und formen könnten

Essi non stabiliscono alcun principio settario proprio, con il quale plasmare e plasmare il movimento proletario

Die Kommunisten unterscheiden sich von den anderen Arbeiterparteien nur durch zwei Dinge

I comunisti si distinguono dagli altri partiti operai solo per due cose

Erstens: Sie weisen auf die gemeinsamen Interessen des gesamten Proletariats hin und bringen sie in den Vordergrund, unabhängig von jeder Nationalität

In primo luogo, essi mettono in evidenza e mettono in primo piano gli interessi comuni di tutto il proletariato, indipendentemente da ogni nazionalità

Das tun sie in den nationalen Kämpfen der Proletarier der verschiedenen Länder

Questo fanno nelle lotte nazionali dei proletari dei diversi paesi

Zweitens vertreten sie immer und überall die Interessen der gesamten Bewegung

In secondo luogo, essi rappresentano sempre e ovunque gli interessi del movimento nel suo insieme

das tun sie in den verschiedenen Entwicklungsstadien, die der Kampf der Arbeiterklasse gegen die Bourgeoisie zu durchlaufen hat

questo fanno nei vari stadi di sviluppo, attraverso i quali deve passare la lotta della classe operaia contro la borghesia

Die Kommunisten sind also auf der einen Seite praktisch der fortschrittlichste und entschiedenste Teil der Arbeiterparteien eines jeden Landes

I comunisti, quindi, sono da una parte, praticamente, la parte più avanzata e risoluta dei partiti operai di tutti i paesi

Sie sind der Teil der Arbeiterklasse, der alle anderen vorantreibt

Sono quella parte della classe operaia che spinge avanti tutte le altre

Theoretisch haben sie auch den Vorteil, dass sie die Marschlinie klar verstehen

In teoria, hanno anche il vantaggio di comprendere chiaramente la linea di marcia

Das verstehen sie besser im Vergleich zu der großen Masse des Proletariats

Lo capiscono meglio se paragonato alla grande massa del proletariato

Sie verstehen die Bedingungen und die letzten allgemeinen Ergebnisse der proletarischen Bewegung

Essi comprendono le condizioni e i risultati generali ultimi del movimento proletario

Das unmittelbare Ziel des Kommunisten ist dasselbe wie das aller anderen proletarischen Parteien

Lo scopo immediato del comunista è lo stesso di tutti gli altri partiti proletari

Ihr Ziel ist die Formierung des Proletariats zu einer Klasse

Il loro scopo è la formazione del proletariato in una classe

sie zielen darauf ab, die Vorherrschaft der Bourgeoisie zu stürzen

mirano a rovesciare la supremazia della borghesia
das Streben nach politischer Machteroberung durch das Proletariat
la lotta per la conquista del potere politico da parte del proletariato
Die theoretischen Schlußfolgerungen der Kommunisten beruhen in keiner Weise auf Ideen oder Prinzipien der Reformer
Le conclusioni teoriche dei comunisti non sono in alcun modo basate su idee o principi dei riformatori
es waren keine Möchtegern-Universalreformer, die die theoretischen Schlussfolgerungen der Kommunisten erfunden oder entdeckt haben
non furono gli aspiranti riformatori universali a inventare o scoprire le conclusioni teoriche dei comunisti
Sie drücken lediglich in allgemeinen Begriffen tatsächliche Verhältnisse aus, die aus einem bestehenden Klassenkampf hervorgehen
Esse si limitano ad esprimere, in termini generali, i rapporti reali che scaturiscono da una lotta di classe esistente
Und sie beschreiben die historische Bewegung, die sich unter unseren Augen abspielt und die diesen Klassenkampf hervorgebracht hat
E descrivono il movimento storico che si sta svolgendo sotto i nostri occhi e che ha creato questa lotta di classe
Die Abschaffung bestehender Eigentumsverhältnisse ist keineswegs ein charakteristisches Merkmal des Kommunismus
L'abolizione dei rapporti di proprietà esistenti non è affatto una caratteristica distintiva del comunismo
Alle Eigentumsverhältnisse in der Vergangenheit waren einem ständigen historischen Wandel unterworfen
Tutti i rapporti di proprietà nel passato sono stati continuamente soggetti a cambiamenti storici
Und diese Veränderungen waren eine Folge der Veränderung der historischen Bedingungen

e questi cambiamenti sono stati conseguenti al mutamento
delle condizioni storiche

**Die Französische Revolution zum Beispiel schaffte das
Feudaleigentum zugunsten des Bourgeoisie Eigentums ab**
La Rivoluzione francese, ad esempio, abolì la proprietà
feudale a favore della proprietà borghese

**Das Unterscheidungsmerkmal des Kommunismus ist nicht
die Abschaffung des Eigentums im Allgemeinen**
La caratteristica distintiva del comunismo non è l'abolizione
della proprietà, in generale

**aber das Unterscheidungsmerkmal des Kommunismus ist
die Abschaffung des Bourgeoisie Eigentums**
ma la caratteristica distintiva del comunismo è l'abolizione
della proprietà borghese

**Aber das Privateigentum der modernen Bourgeoisie ist der
letzte und vollständigste Ausdruck des Systems der
Produktion und Aneignung von Produkten**
Ma la moderna borghesia privata è l'espressione finale e più
completa del sistema di produzione e di appropriazione dei
prodotti

**Es ist der Endzustand eines Systems, das auf
Klassengegensätzen beruht, wobei der
Klassenantagonismus die Ausbeutung der Vielen durch die
Wenigen ist**
È lo stato finale di un sistema che si basa su antagonismi di
classe, dove l'antagonismo di classe è lo sfruttamento dei molti
da parte di pochi

**In diesem Sinne läßt sich die Theorie der Kommunisten in
einem einzigen Satz zusammenfassen; die Abschaffung des
Privateigentums**
In questo senso, la teoria dei comunisti può essere riassunta in
una sola frase; l'abolizione della proprietà privata

**Uns Kommunisten hat man vorgeworfen, das Recht auf
persönlichen Eigentumserwerb abschaffen zu wollen**
A noi comunisti è stato rimproverato il desiderio di abolire il
diritto di acquistare personalmente la proprietà

Es wird behauptet, dass diese Eigenschaft die Frucht der eigenen Arbeit eines Menschen ist

Si sostiene che questa proprietà sia il frutto del lavoro dell'uomo

Und diese Eigenschaft soll die Grundlage aller persönlichen Freiheit, Aktivität und Unabhängigkeit sein.

E questa proprietà è considerata il fondamento di tutta la libertà, l'attività e l'indipendenza personale.

"Hart erkämpftes, selbst erworbenes, selbst verdientes Eigentum!"

"Proprietà conquistata con fatica, auto-acquisita, auto-guadagnata!"

Meinst du das Eigentum des kleinen Handwerkers und des Kleinbauern?

Intendi la proprietà del piccolo artigiano e del piccolo contadino?

Meinen Sie eine Form des Eigentums, die der Bourgeoisie Form vorausging?

Intendi una forma di proprietà che ha preceduto la forma borghese?

Es ist nicht nötig, sie abzuschaffen, die Entwicklung der Industrie hat sie zum großen Teil bereits zerstört

Non c'è bisogno di abolirlo, lo sviluppo dell'industria l'ha già in gran parte distrutto

Und die Entwicklung der Industrie zerstört sie immer noch täglich

e lo sviluppo dell'industria continua a distruggerla ogni giorno

Oder meinen Sie das moderne Bourgeoisie Privateigentum?

O intendi la proprietà privata della borghesia moderna?

Aber schafft die Lohnarbeit irgendein Eigentum für den Arbeiter?

Ma il lavoro salariato crea una qualche proprietà per l'operaio?

Nein, die Lohnarbeit schafft nicht ein bisschen von dieser Art von Eigentum!

No, il lavoro salariato non crea un briciolo di questo tipo di proprietà!

Was Lohnarbeit schafft, ist Kapital; jene Art von Eigentum, das Lohnarbeit ausbeutet

Ciò che il lavoro salariato crea è il capitale; quel tipo di proprietà che sfrutta il lavoro salariato

Das Kapital kann sich nur unter der Bedingung vermehren, daß es ein neues Angebot an Lohnarbeit für neue Ausbeutung erzeugt

Il capitale non può aumentare se non a condizione di generare una nuova offerta di lavoro salariato per un nuovo sfruttamento

Das Eigentum in seiner jetzigen Form beruht auf dem Antagonismus von Kapital und Lohnarbeit

La proprietà, nella sua forma attuale, si basa sull'antagonismo tra capitale e lavoro salariato

Betrachten wir beide Seiten dieses Antagonismus

Esaminiamo entrambi i lati di questo antagonismo

Kapitalist zu sein bedeutet nicht nur, einen rein persönlichen Status zu haben

Essere capitalista significa avere non solo uno status puramente personale

Stattdessen bedeutet Kapitalist zu sein auch, einen sozialen Status in der Produktion zu haben

Invece, essere un capitalista significa anche avere uno status sociale nella produzione

weil Kapital ein kollektives Produkt ist; Nur durch das gemeinsame Handeln vieler Mitglieder kann sie in Gang gesetzt werden

perché il capitale è un prodotto collettivo; Solo con l'azione congiunta di molti membri può essere messa in moto

Aber dieses gemeinsame Handeln ist der letzte Ausweg und erfordert eigentlich alle Mitglieder der Gesellschaft

Ma questa azione unitaria è l'ultima risorsa, e in realtà richiede tutti i membri della società

Das Kapital verwandelt sich in das Eigentum aller Mitglieder der Gesellschaft

Il capitale viene convertito in proprietà di tutti i membri della società

aber das Kapital ist also keine persönliche Macht; Es ist eine gesellschaftliche Macht

ma il Capitale non è, quindi, un potere personale; è un potere sociale

Wenn also Kapital in gesellschaftliches Eigentum umgewandelt wird, so verwandelt sich dadurch nicht persönliches Eigentum in gesellschaftliches Eigentum

Così, quando il capitale viene convertito in proprietà sociale, la proprietà personale non si trasforma in proprietà sociale

Nur der gesellschaftliche Charakter des Eigentums wird verändert und verliert seinen Klassencharakter

È solo il carattere sociale della proprietà che viene modificato e perde il suo carattere di classe

Betrachten wir nun die Lohnarbeit

Esaminiamo ora il lavoro salariato

Der Durchschnittspreis der Lohnarbeit ist der Mindestlohn, d.h. das Quantum der Lebensmittel

Il prezzo medio del lavoro salariato è il salario minimo, cioè quel quantum dei mezzi di sussistenza

Dieser Lohn ist für die bloße Existenz als Arbeiter absolut notwendig

Questo salario è assolutamente richiesto nella semplice esistenza di un operaio

Was sich also der Lohnarbeiter durch seine Arbeit aneignet, genügt nur, um ein bloßes Dasein zu verlängern und zu reproduzieren

Ciò di cui dunque l'operaio salariato si appropria con il suo lavoro, basta solo a prolungare e a riprodurre la nuda esistenza

Wir beabsichtigen keineswegs, diese persönliche Aneignung der Arbeitsprodukte abzuschaffen

Noi non intendiamo affatto abolire questa appropriazione
personale dei prodotti del lavoro

**eine Aneignung, die für die Erhaltung und Reproduktion
des menschlichen Lebens bestimmt ist**

uno stanziamento che viene fatto per il mantenimento e la
riproduzione della vita umana

**Eine solche persönliche Aneignung der Arbeitsprodukte
lässt keinen Überschuss übrig, mit dem man die Arbeit
anderer befehlen könnte**

Tale appropriazione personale dei prodotti del lavoro non
lascia alcuna eccedenza con cui comandare il lavoro altrui

**Alles, was wir beseitigen wollen, ist der erbärmliche
Charakter dieser Aneignung**

L'unica cosa che vogliamo eliminare è il carattere miserabile di
questo stanziamento

**die Aneignung, unter der der Arbeiter lebt, bloß um das
Kapital zu vermehren**

l'appropriazione sotto la quale l'operaio vive solo per
aumentare il capitale

**Er darf nur leben, soweit es das Interesse der herrschenden
Klasse erfordert**

gli è permesso di vivere solo nella misura in cui l'interesse
della classe dominante lo richiede

**In der Bourgeoisie Gesellschaft ist die lebendige Arbeit nur
ein Mittel, um die akkumulierte Arbeit zu vermehren**

Nella società borghese, il lavoro vivo non è che un mezzo per
aumentare il lavoro accumulato

**In der kommunistischen Gesellschaft ist die akkumulierte
Arbeit nur ein Mittel, um die Existenz des Arbeiters zu
erweitern, zu bereichern und zu fördern**

Nella società comunista, il lavoro accumulato non è che un
mezzo per allargare, per arricchire, per promuovere l'esistenza
dell'operaio

**In der Bourgeoisie Gesellschaft dominiert daher die
Vergangenheit die Gegenwart**

Nella società borghese, dunque, il passato domina il presente

In der kommunistischen Gesellschaft dominiert die Gegenwart die Vergangenheit

nella società comunista il presente domina il passato

In der Bourgeoisie Gesellschaft ist das Kapital unabhängig und hat Individualität

Nella società borghese il capitale è indipendente e ha individualità

In der Bourgeoisie Gesellschaft ist der lebende Mensch abhängig und hat keine Individualität

Nella società borghese l'uomo vivente è dipendente e non ha individualità

Und die Abschaffung dieses Zustandes wird von der Bourgeoisie als Abschaffung der Individualität und Freiheit bezeichnet!

E l'abolizione di questo stato di cose è chiamata dalla borghesia abolizione dell'individualità e della libertà!

Und man nennt sie mit Recht die Abschaffung von Individualität und Freiheit!

Ed è giustamente chiamata l'abolizione dell'individualità e della libertà!

Der Kommunismus strebt die Abschaffung der Bourgeoisie Individualität an

Il comunismo mira all'abolizione dell'individualità borghese

Der Kommunismus strebt die Abschaffung der Unabhängigkeit der Bourgeoisie an

Il comunismo mira all'abolizione dell'indipendenza della borghesia

Die BourgeoisieFreiheit ist zweifellos das, was der Kommunismus anstrebt

La libertà della borghesia è senza dubbio ciò a cui mira il comunismo

unter den gegenwärtigen Bourgeoisie Produktionsbedingungen bedeutet Freiheit freien Handel, freien Verkauf und freien Kauf

nelle attuali condizioni di produzione della borghesia, libertà significa libero scambio, libera vendita e libero acquisto

Aber wenn das Verkaufen und Kaufen verschwindet, verschwindet auch das freie Verkaufen und Kaufen

Ma se la vendita e l'acquisto scompaiono, scompare anche la vendita e l'acquisto gratuiti

"Mutige Worte" der Bourgeoisie über den freien Verkauf und Kauf haben nur eine begrenzte Bedeutung

Le "parole coraggiose" della borghesia sulla libera vendita e sull'acquisto hanno un significato solo in senso limitato

Diese Worte haben nur im Gegensatz zu eingeschränktem Verkauf und Kauf eine Bedeutung

Queste parole hanno significato solo in contrasto con la vendita e l'acquisto limitati

und diese Worte haben nur dann eine Bedeutung, wenn sie auf die gefesselten Händler des Mittelalters angewandt werden

e queste parole hanno significato solo se applicate ai commercianti incatenati del Medioevo

und das setzt voraus, dass diese Worte überhaupt eine Bedeutung im Bourgeoisie Sinne haben

e ciò presuppone che queste parole abbiano anche un significato in senso borghese

aber diese Worte haben keine Bedeutung, wenn sie gebraucht werden, um sich gegen die kommunistische Abschaffung des Kaufens und Verkaufens zu wehren

ma queste parole non hanno alcun significato quando vengono usate per opporsi all'abolizione comunista della compravendita

die Worte haben keine Bedeutung, wenn sie gebraucht werden, um sich gegen die Abschaffung der Bourgeoisie Produktionsbedingungen zu wehren

le parole non hanno alcun significato quando vengono usate per opporsi all'abolizione delle condizioni di produzione della borghesia

und sie haben keine Bedeutung, wenn sie benutzt werden, um sich gegen die Abschaffung der Bourgeoisie selbst zu wehren

e non hanno alcun significato quando vengono usati per opporsi all'abolizione della borghesia stessa

Sie sind entsetzt über unsere Absicht, das Privateigentum abzuschaffen

Siete inorriditi dalla nostra intenzione di farla finita con la proprietà privata

Aber in eurer jetzigen Gesellschaft ist das Privateigentum für neun Zehntel der Bevölkerung bereits abgeschafft

Ma nella vostra società attuale, la proprietà privata è già abolita per i nove decimi della popolazione

Die Existenz des Privateigentums für einige wenige beruht einzig und allein darauf, dass es in den Händen von neun Zehnteln der Bevölkerung nicht existiert

L'esistenza della proprietà privata per pochi è dovuta unicamente alla sua inesistenza nelle mani dei nove decimi della popolazione

Sie werfen uns also vor, daß wir eine Form des Eigentums abschaffen wollen

Perciò ci rimproverate di voler sopprimere una forma di proprietà

Aber das Privateigentum erfordert für die ungeheure Mehrheit der Gesellschaft die Nichtexistenz jeglichen Eigentums

Ma la proprietà privata richiede l'inesistenza di qualsiasi proprietà per l'immensa maggioranza della società

Mit einem Wort, Sie werfen uns vor, daß wir Ihr Eigentum beseitigen wollen

In una parola, ci rimproverate di voler eliminare la vostra proprietà

Und genau so ist es; Ihr Eigentum abzuschaffen, ist genau das, was wir beabsichtigen

Ed è proprio così; eliminare la tua proprietà è proprio quello che intendiamo

Von dem Augenblick an, wo die Arbeit nicht mehr in Kapital, Geld oder Rente verwandelt werden kann

Dal momento in cui il lavoro non può più essere convertito in capitale, denaro o rendita

wenn die Arbeit nicht mehr in eine gesellschaftliche Macht umgewandelt werden kann, die monopolisiert werden kann

quando il lavoro non potrà più essere convertito in un potere sociale monopolizzabile

von dem Augenblick an, wo das individuelle Eigentum nicht mehr in Bourgeoisie Eigentum verwandelt werden kann

dal momento in cui la proprietà individuale non può più essere trasformata in proprietà borghese

von dem Augenblick an, wo das individuelle Eigentum nicht mehr in Kapital verwandelt werden kann

dal momento in cui la proprietà individuale non può più essere trasformata in capitale

Von diesem Moment an sagst du, dass die Individualität verschwindet

Da quel momento, dici che l'individualità svanisce

Sie müssen also gestehen, daß Sie mit »Individuum« keine andere Person meinen als die Bourgeoisie

Dovete dunque confessare che per "individuo" non intendete altro che la borghesia

Sie müssen zugeben, dass es sich speziell auf den Bourgeoisie Eigentümer von Immobilien bezieht

Devi confessare che si riferisce specificamente al proprietario di proprietà della classe media

Diese Person muss in der Tat aus dem Weg geräumt und unmöglich gemacht werden

Questa persona deve, infatti, essere spazzata via e resa impossibile

Der Kommunismus beraubt niemanden der Macht, sich die Produkte der Gesellschaft anzueignen

Il comunismo non priva nessun uomo del potere di appropriarsi dei prodotti della società

Alles, was der Kommunismus tut, ist, ihm die Macht zu nehmen, die Arbeit anderer durch eine solche Aneignung zu unterjochen

tutto ciò che il comunismo fa è privarlo del potere di soggiogare il lavoro altrui per mezzo di tale appropriazione

Man hat eingewendet, daß mit der Abschaffung des Privateigentums alle Arbeit aufhören werde

E' stato obiettato che, con l'abolizione della proprietà privata, tutto il lavoro cesserà

Und dann wird suggeriert, dass uns die universelle Faulheit überwältigen wird

e si suggerisce allora che la pigrizia universale ci sopraffarà

Demnach hätte die BourgeoisieGesellschaft schon längst vor lauter Müßiggang vor die Hunde gehen müssen

Secondo questo, la società borghese avrebbe dovuto andare molto tempo fa ai cani per pura pigrizia

denn diejenigen ihrer Mitglieder, die arbeiten, erwerben nichts

perché quelli dei suoi membri che lavorano, non acquisiscono nulla

und diejenigen von ihren Mitgliedern, die etwas erwerben, arbeiten nicht

e quelli dei suoi membri che acquistano qualcosa, non lavorano

Der ganze Einwand ist nur ein weiterer Ausdruck der Tautologie

Tutta questa obiezione non è che un'altra espressione della tautologia

Es kann keine Lohnarbeit mehr geben, wenn es kein Kapital mehr gibt

Non ci può più essere lavoro salariato quando non c'è più capitale

Es gibt keinen Unterschied zwischen materiellen und mentalen Produkten

Non c'è differenza tra prodotti materiali e prodotti mentali

Der Kommunismus schlägt vor, dass beides auf die gleiche Weise produziert wird

Il comunismo propone che entrambi siano prodotti allo stesso modo

aber die Einwände gegen die kommunistischen Produktionsweisen sind dieselben

ma le obiezioni contro i modi comunisti di produrli sono le stesse

Für die Bourgeoisie ist das Verschwinden des Klasseneigentums das Verschwinden der Produktion selbst

per la borghesia la scomparsa della proprietà di classe è la scomparsa della produzione stessa

So ist für ihn das Verschwinden der Klassenkultur identisch mit dem Verschwinden aller Kultur

Così la scomparsa della cultura di classe è per lui identica alla scomparsa di ogni cultura

Diese Kultur, deren Verlust er beklagt, ist für die überwiegende Mehrheit ein bloßes Training, um als Maschine zu agieren

Quella cultura, di cui lamenta la perdita, è per la stragrande maggioranza un mero addestramento ad agire come una macchina

Die Kommunisten haben die Absicht, die Kultur des Bourgeoisie Eigentums abzuschaffen

I comunisti hanno l'intenzione di abolire la cultura della proprietà borghese

Aber zankt euch nicht mit uns, solange ihr den Maßstab eurer Bourgeoisie Vorstellungen von Freiheit, Kultur, Recht usw. anlegt

Ma non litigate con noi fintanto che applicate lo standard delle vostre nozioni borghesi di libertà, cultura, legge, ecc

Eure Ideen selbst sind nur die Auswüchse der Bedingungen eurer Bourgeoisie Produktion und eures Bourgeoisie Eigentums

Le vostre stesse idee non sono che il risultato delle condizioni
della vostra produzione borghese e della vostra proprietà
borghese
**so wie eure Jurisprudenz nichts anderes ist als der Wille
eurer Klasse, der zum Gesetz für alle gemacht wurde**
così come la tua giurisprudenza non è che la volontà della tua
classe trasformata in legge per tutti
**Der wesentliche Charakter und die Richtung dieses Willens
werden durch die ökonomischen Bedingungen bestimmt,
die Ihre soziale Klasse schafft**
Il carattere essenziale e la direzione di questa volontà sono
determinati dalle condizioni economiche create dalla vostra
classe sociale
**Der selbstsüchtige Irrtum, der dich veranlaßt, soziale
Formen in ewige Gesetze der Natur und der Vernunft zu
verwandeln**
L'equivoco egoistico che vi induce a trasformare le forme
sociali in leggi eterne della natura e della ragione
**die gesellschaftlichen Formen, die aus eurer gegenwärtigen
Produktionsweise und Eigentumsform entspringen**
le forme sociali che scaturiscono dal vostro attuale modo di
produzione e dalla forma della proprietà
**historische Beziehungen, die im Fortschritt der Produktion
auf- und verschwinden**
rapporti storici che sorgono e scompaiono nel corso della
produzione
**Dieses Missverständnis teilt ihr mit jeder herrschenden
Klasse, die euch vorausgegangen ist**
Questo equivoco lo condividete con ogni classe dirigente che
vi ha preceduto
**Was Sie bei antikem Eigentum klar sehen, was Sie bei
feudalem Eigentum zugeben**
Ciò che si vede chiaramente nel caso della proprietà antica, ciò
che si ammette nel caso della proprietà feudale
**diese Dinge dürfen Sie natürlich nicht zugeben, wenn es
sich um Ihre eigene BourgeoisieEigentumsform handelt**

queste cose vi è naturalmente proibito di ammetterle nel caso della vostra forma di proprietà borghese

Abschaffung der Familie! Selbst die Radikalsten entrüsten sich über diesen infamen Vorschlag der Kommunisten

Abolizione della famiglia! Anche i più radicali si infiammano di fronte a questa infame proposta dei comunisti

Auf welcher Grundlage beruht die heutige Familie, die BourgeoisieFamilie?

Su quali basi si fonda la famiglia attuale, la famiglia borghese?

Die Gründung der heutigen Familie beruht auf Kapital und privatem Gewinn

La fondazione dell'attuale famiglia si basa sul capitale e sul guadagno privato

In ihrer voll entwickelten Form existiert diese Familie nur unter der Bourgeoisie

Nella sua forma completamente sviluppata, questa famiglia esiste solo tra la borghesia

Dieser Zustand der Dinge findet seine Ergänzung in der praktischen Abwesenheit der Familie bei den Proletariern

Questo stato di cose trova il suo complemento nell'assenza pratica della famiglia tra i proletari

Dieser Zustand ist in der öffentlichen Prostitution zu finden

Questo stato di cose si ritrova nella prostituzione pubblica

Die BourgeoisieFamilie wird wie selbstverständlich verschwinden, wenn ihr Komplement verschwindet

La famiglia della borghesia scomparirà come una cosa naturale quando svanirà il suo complemento

Und beides wird mit dem Verschwinden des Kapitals verschwinden

ed entrambe queste volontà svaniranno con la scomparsa del capitale

Werfen Sie uns vor, dass wir die Ausbeutung von Kindern durch ihre Eltern stoppen wollen?

Ci accusate di voler fermare lo sfruttamento dei bambini da parte dei loro genitori?

Diesem Verbrechen bekennen wir uns schuldig

Di questo crimine ci dichiariamo colpevoli
Aber, werden Sie sagen, wir zerstören die heiligsten Beziehungen, wenn wir die häusliche Erziehung durch die soziale Erziehung ersetzen
Ma, direte voi, noi distruggiamo la più sacra delle relazioni, quando sostituiamo l'educazione domestica con l'educazione sociale
Ist Ihre Erziehung nicht auch sozial? Und wird sie nicht von den gesellschaftlichen Bedingungen bestimmt, unter denen man erzieht?
La tua educazione non è anche sociale? E non è forse determinato dalle condizioni sociali in cui si educa?
durch direkte oder indirekte Eingriffe in die Gesellschaft, durch Schulen usw.
dall'intervento, diretto o indiretto, della società, per mezzo delle scuole, ecc.
Die Kommunisten haben die Einmischung der Gesellschaft in die Erziehung nicht erfunden
I comunisti non hanno inventato l'intervento della società nell'educazione
Sie versuchen lediglich, den Charakter dieses Eingriffs zu ändern
non fanno altro che cercare di modificare il carattere di tale intervento
Und sie versuchen, das Bildungswesen vor dem Einfluss der herrschenden Klasse zu retten
E cercano di salvare l'istruzione dall'influenza della classe dominante
Die Bourgeoisie spricht von der geheiligten Beziehung von Eltern und Kind
La borghesia parla della sacra correlazione tra genitore e figlio
aber dieses Geschwätz über die Familie und die Erziehung wird um so widerwärtiger, wenn wir die moderne Industrie betrachten

ma questa trappola sulla famiglia e l'educazione diventa
ancora più disgustosa quando guardiamo all'industria
moderna

**Alle Familienbande unter den Proletariern werden durch die
moderne Industrie zerrissen**

Tutti i legami familiari tra i proletari sono lacerati
dall'industria moderna

**ihre Kinder werden zu einfachen Handelsartikeln und
Arbeitsinstrumenten**

i loro figli si trasformano in semplici oggetti di commercio e
strumenti di lavoro

**Aber ihr Kommunisten würdet eine Gemeinschaft von
Frauen schaffen, schreit die ganze Bourgeoisie im Chor**

Ma voi comunisti volete creare una comunità di donne, grida
in coro tutta la borghesia

**Die Bourgeoisie sieht in seiner Frau ein bloßes
Produktionsinstrument**

La borghesia vede nella moglie un mero strumento di
produzione

**Er hört, dass die Produktionsmittel von allen ausgebeutet
werden sollen**

Sente dire che gli strumenti di produzione devono essere
sfruttati da tutti

**Und natürlich kann er zu keinem anderen Schluß kommen,
als daß das Los, allen gemeinsam zu sein, auch den Frauen
zufallen wird**

e, naturalmente, non può giungere ad altra conclusione se non
che la sorte di essere comune a tutti toccherà anche alle donne

**Er hat nicht einmal den geringsten Verdacht, dass es in
Wirklichkeit darum geht, die Stellung der Frau als bloße
Produktionsinstrumente abzuschaffen**

Non ha nemmeno il sospetto che il vero scopo sia quello di
eliminare lo status delle donne come meri strumenti di
produzione

Im übrigen ist nichts lächerlicher als die tugendhafte Empörung unserer Bourgeoisie über die Gemeinschaft der Frauen

Del resto, nulla è più ridicolo dell'indignazione virtuosa della nostra borghesia di fronte alla comunità delle donne

sie tun so, als ob sie von den Kommunisten offen und offiziell eingeführt werden sollte

pretendono che sia apertamente e ufficialmente stabilito dai comunisti

Die Kommunisten haben es nicht nötig, die Gemeinschaft der Frauen einzuführen, sie existiert fast seit undenklichen Zeiten

I comunisti non hanno bisogno di introdurre la comunità delle donne, esiste quasi da tempo immemorabile

Unsere Bourgeoisie begnügt sich nicht damit, die Frauen und Töchter ihrer Proletarier zur Verfügung zu haben

La nostra borghesia non si accontenta di avere a disposizione le mogli e le figlie dei suoi proletari

Sie haben das größte Vergnügen daran, ihre Frauen gegenseitig zu verführen

provano il più grande piacere nel sedurre le mogli l'uno dell'altro

Und das ist noch nicht einmal von gewöhnlichen Prostituierten zu sprechen

E questo per non parlare delle prostitute comuni

Die BourgeoisieEhe ist in Wirklichkeit ein System gemeinsamer Ehefrauen

Il matrimonio borghese è in realtà un sistema di mogli in comune

dann gibt es eine Sache, die man den Kommunisten vielleicht vorwerfen könnte

allora c'è una cosa che potrebbe essere rimproverata ai comunisti

Sie wollen eine offen legalisierte Gemeinschaft von Frauen einführen

Desiderano introdurre una comunità di donne apertamente
legalizzata
statt einer heuchlerisch verhüllten Gemeinschaft von Frauen
piuttosto che una comunità di donne ipocritamente nascosta
Die Gemeinschaft der Frauen, die aus dem
Produktionssystem hervorgegangen ist
la comunità delle donne che scaturisce dal sistema di
produzione
Schafft das Produktionssystem ab, und ihr schafft die
Gemeinschaft der Frauen ab
Abolite il sistema di produzione e abolirete la comunità delle
donne
Sowohl die öffentliche Prostitution als auch die private
Prostitution wird abgeschafft
sia la prostituzione pubblica è abolita, sia la prostituzione
privata
Den Kommunisten wird noch dazu vorgeworfen, sie wollten
Länder und Nationalitäten abschaffen
Ai comunisti si rimprovera inoltre di voler abolire i paesi e le
nazionalità
Die Arbeiter haben kein Vaterland, also können wir ihnen
nicht nehmen, was sie nicht haben
I lavoratori non hanno patria, quindi non possiamo togliere
loro ciò che non hanno
Das Proletariat muss vor allem die politische Herrschaft
erlangen
Il proletariato deve prima di tutto acquisire la supremazia
politica
Das Proletariat muss sich zur führenden Klasse der Nation
erheben
Il proletariato deve elevarsi ad essere la classe dirigente della
nazione
Das Proletariat muss sich zur Nation konstituieren
Il proletariato deve costituirsi in nazione
sie ist bis jetzt selbst national, wenn auch nicht im
Bourgeoisie Sinne des Wortes

essa stessa è, finora, nazionale, anche se non nel senso borghese del termine

Nationale Unterschiede und Gegensätze zwischen den Völkern verschwinden täglich mehr und mehr

Le differenze nazionali e gli antagonismi tra i popoli stanno svanendo ogni giorno di più

der Entwicklung der Bourgeoisie, der Freiheit des Handels, des Weltmarktes

grazie allo sviluppo della borghesia, alla libertà di commercio, al mercato mondiale

zur Gleichförmigkeit der Produktionsweise und der ihr entsprechenden Lebensbedingungen

all'uniformità del modo di produzione e delle condizioni di vita ad esso corrispondenti

Die Herrschaft des Proletariats wird sie noch schneller verschwinden lassen

La supremazia del proletariato li farà svanire ancora più rapidamente

Die einheitliche Aktion, wenigstens der führenden zivilisierten Länder, ist eine der ersten Bedingungen für die Befreiung des Proletariats

L'azione unitaria, almeno dei principali paesi civili, è una delle prime condizioni per l'emancipazione del proletariato

In dem Maße, wie der Ausbeutung eines Individuums durch ein anderes ein Ende gesetzt wird, wird auch der Ausbeutung einer Nation durch eine andere ein Ende gesetzt.

Nella misura in cui si pone fine allo sfruttamento di un individuo da parte di un altro, si porrà fine anche allo sfruttamento di una nazione da parte di un'altra

In dem Maße, wie der Antagonismus zwischen den Klassen innerhalb der Nation verschwindet, wird die Feindschaft einer Nation gegen die andere ein Ende haben

Nella misura in cui l'antagonismo tra le classi all'interno della nazione svanisce, l'ostilità di una nazione verso l'altra finirà

Die Anschuldigungen gegen den Kommunismus, die von einem religiösen, philosophischen und allgemein von einem ideologischen Standpunkt aus erhoben werden, verdienen keine ernsthafte Prüfung

Le accuse contro il comunismo mosse da un punto di vista religioso, filosofico e, in generale, ideologico, non meritano un serio esame

Braucht es eine tiefe Intuition, um zu begreifen, dass sich die Ideen, Ansichten und Vorstellungen des Menschen mit jeder Veränderung der Bedingungen seiner materiellen Existenz ändern?

Ci vuole una profonda intuizione per comprendere che le idee, i punti di vista e le concezioni dell'uomo cambiano ad ogni cambiamento delle condizioni della sua esistenza materiale?

Ist es nicht offensichtlich, dass das Bewusstsein des Menschen sich Verändert, wenn seine sozialen Beziehungen und sein soziales Leben ändern?

Non è forse evidente che la coscienza dell'uomo cambia quando cambiano le sue relazioni sociali e la sua vita sociale?

Was beweist die Ideengeschichte anderes, als daß die geistige Produktion ihren Charakter in dem Maße ändert, wie die materielle Produktion verändert wird?

Che cos'altro prova la storia delle idee, se non che la produzione intellettuale cambia il suo carattere nella misura in cui cambia la produzione materiale?

Die herrschenden Ideen eines jeden Zeitalters waren immer die Ideen seiner herrschenden Klasse

Le idee dominanti di ogni epoca sono sempre state le idee della sua classe dominante

Wenn Menschen von Ideen sprechen, die die Gesellschaft revolutionieren, drücken sie nur eine Tatsache aus

Quando si parla di idee che rivoluzionano la società, non si fa altro che esprimere un fatto

Innerhalb der alten Gesellschaft wurden die Elemente einer neuen geschaffen

All'interno della vecchia società, sono stati creati gli elementi
di una nuova società
**und daß die Auflösung der alten Ideen mit der Auflösung
der alten Daseinsverhältnisse Schritt hält**
e che la dissoluzione delle vecchie idee va di pari passo con la
dissoluzione delle vecchie condizioni di esistenza
**Als die Antike in den letzten Zügen lag, wurden die alten
Religionen vom Christentum überwunden**
Quando il mondo antico era agli ultimi spasimi, le antiche
religioni furono sopraffatte dal cristianesimo
**Als die christlichen Ideen im 18. Jahrhundert den
rationalistischen Ideen erlagen, kämpfte die feudale
Gesellschaft ihren Todeskampf mit der damals
revolutionären Bourgeoisie**
Quando le idee cristiane soccombevano nel XVIII secolo alle
idee razionaliste, la società feudale combatté la sua battaglia
mortale con la borghesia rivoluzionaria di allora
**Die Ideen der Religions- und Gewissensfreiheit brachten
lediglich die Herrschaft des freien Wettbewerbs auf dem
Gebiet des Wissens zum Ausdruck**
Le idee di libertà religiosa e di libertà di coscienza non
facevano altro che esprimere l'influenza della libera
concorrenza nel campo della conoscenza
**"Zweifellos", wird man sagen, "sind religiöse, moralische,
philosophische und juristische Ideen im Laufe der
geschichtlichen Entwicklung modifiziert worden"**
"Indubbiamente", si dirà, "le idee religiose, morali, filosofiche e
giuridiche sono state modificate nel corso dello sviluppo
storico"
**"Aber Religion, Moralphilosophie, Politikwissenschaft und
Recht überlebten diesen Wandel ständig."**
"Ma la religione, la morale, la filosofia, la scienza politica e il
diritto, sono costantemente sopravvissute a questo
cambiamento"
**"Es gibt auch ewige Wahrheiten, wie Freiheit, Gerechtigkeit
usw."**

"Ci sono anche verità eterne, come la Libertà, la Giustizia, ecc"

"Diese ewigen Wahrheiten sind allen Zuständen der Gesellschaft gemeinsam"

"Queste verità eterne sono comuni a tutti gli stati della società"

"Aber der Kommunismus schafft die ewigen Wahrheiten ab, er schafft alle Religion und alle Moral ab."

"Ma il comunismo abolisce le verità eterne, abolisce ogni religione e ogni morale"

"Sie tut dies, anstatt sie auf einer neuen Grundlage zu konstituieren"

"Lo fa invece di costituirli su una nuova base"

"Sie handelt daher im Widerspruch zu allen bisherigen historischen Erfahrungen"

"agisce quindi in contraddizione con tutta l'esperienza storica passata"

Worauf reduziert sich dieser Vorwurf?

A che cosa si riduce questa accusa?

Die Geschichte aller vergangenen Gesellschaften hat in der Entwicklung von Klassengegensätzen bestanden

La storia di tutta la società passata è consistita nello sviluppo di antagonismi di classe

Antagonismen, die in verschiedenen Epochen unterschiedliche Formen annahmen

antagonismi che hanno assunto forme diverse in epoche diverse

Aber welche Form sie auch immer angenommen haben mögen, eine Tatsache ist allen vergangenen Zeitaltern gemeinsam

Ma qualunque forma possano aver preso, un fatto è comune a tutte le epoche passate

die Ausbeutung eines Teils der Gesellschaft durch den anderen

lo sfruttamento di una parte della società da parte dell'altra

Kein Wunder also, dass sich das gesellschaftliche Bewußtsein vergangener Zeiten innerhalb gewisser allgemeiner Formen oder allgemeiner Vorstellungen bewegt

Non c'è da meravigliarsi, quindi, che la coscienza sociale delle epoche passate si muova all'interno di certe forme comuni, o idee generali

(und das trotz aller Vielfalt und Vielfalt, die es zeigt)

(e questo nonostante tutta la molteplicità e la varietà che mostra)

Und diese können nur mit dem gänzlichen Verschwinden der Klassengegensätze völlig verschwinden

e questi non possono svanire del tutto se non con la totale scomparsa degli antagonismi di classe

Die kommunistische Revolution ist der radikalste Bruch mit den traditionellen Eigentumsverhältnissen

La rivoluzione comunista è la rottura più radicale con i rapporti di proprietà tradizionali

Kein Wunder, dass ihre Entwicklung den radikalsten Bruch mit den traditionellen Vorstellungen mit sich bringt

Non c'è da stupirsi che il suo sviluppo comporti la rottura più radicale con le idee tradizionali

Aber lassen wir die Einwände der Bourgeoisie gegen den Kommunismus hinter uns

Ma facciamola finita con le obiezioni della borghesia al comunismo

Wir haben oben den ersten Schritt der Arbeiterklasse in der Revolution gesehen

Abbiamo visto sopra il primo passo della rivoluzione della classe operaia

Das Proletariat muss zur Herrschaft erhoben werden, um den Kampf der Demokratie zu gewinnen

Il proletariato deve essere elevato alla posizione di governo, per vincere la battaglia della democrazia

Das Proletariat wird seine politische Vorherrschaft benutzen, um der Bourgeoisie nach und nach alles Kapital zu entreißen

Il proletariato userà la sua supremazia politica per strappare, a poco a poco, tutto il capitale alla borghesia

sie wird alle Produktionsmittel in den Händen des Staates
zentralisieren
accentrerà tutti gli strumenti di produzione nelle mani dello
Stato
Mit anderen Worten, das Proletariat organisierte sich als
herrschende Klasse
In altre parole, il proletariato organizzato come classe
dominante
Und sie wird die Summe der Produktivkräfte so schnell wie
möglich vermehren
e aumenterà il totale delle forze produttive il più rapidamente
possibile
Natürlich kann dies anfangs nur durch despotische Eingriffe
in die Eigentumsrechte geschehen
Naturalmente, all'inizio, ciò non può essere realizzato se non
per mezzo di incursioni dispotiche nei diritti di proprietà
und sie muss unter den Bedingungen der Bourgeoisie
Produktion erreicht werden
e deve essere realizzato alle condizioni della produzione
borghese
Sie wird also durch Maßnahmen erreicht, die wirtschaftlich
unzureichend und unhaltbar erscheinen
Si ottiene quindi attraverso misure che appaiono
economicamente insufficienti e insostenibili
aber diese Mittel überflügeln sich im Laufe der Bewegung
selbst
ma questi mezzi, nel corso del movimento, superano se stessi
sie erfordern weitere Eingriffe in die alte
Gesellschaftsordnung
Esse richiedono ulteriori incursioni nel vecchio ordine sociale
und sie sind unvermeidlich, um die Produktionsweise völlig
zu revolutionieren
e sono inevitabili come mezzo per rivoluzionare
completamente il modo di produzione
Diese Maßnahmen werden natürlich in den verschiedenen
Ländern unterschiedlich sein

Queste misure saranno ovviamente diverse nei vari paesi

Nichtsdestotrotz wird in den am weitesten fortgeschrittenen Ländern das Folgende ziemlich allgemein anwendbar sein

Ciononostante, nei paesi più avanzati, quanto segue sarà abbastanza generalmente applicabile

1. Abschaffung des Grundeigentums und Verwendung aller Grundrenten für öffentliche Zwecke.

1. Abolizione della proprietà fondiaria e applicazione di tutte le rendite fondiarie a scopi pubblici.

2. Eine hohe progressive oder abgestufte Einkommensteuer.

2. Una pesante imposta sul reddito progressiva o graduale.

3. Abschaffung jeglichen Erbrechts.

3. Abolizione di ogni diritto di successione.

4. Konfiskation des Eigentums aller Emigranten und Rebellen.

4. Confisca dei beni di tutti gli emigranti e ribelli.

5. Zentralisierung des Kredits in den Händen des Staates durch eine Nationalbank mit staatlichem Kapital und ausschließlichem Monopol.

5. Centralizzazione del credito nelle mani dello Stato, per mezzo di una banca nazionale con capitale statale e monopolio esclusivo.

6. Zentralisierung der Kommunikations- und Transportmittel in den Händen des Staates.

6. Centralizzazione dei mezzi di comunicazione e di trasporto nelle mani dello Stato.

7. Ausbau der Fabriken und Produktionsmittel im Eigentum des Staates

7. Ampliamento delle fabbriche e degli strumenti di produzione di proprietà dello Stato

die Kultivierung von Ödland und die Verbesserung des Bodens überhaupt nach einem gemeinsamen Plan.

l'introduzione alla coltivazione di terreni incolti e il miglioramento del suolo in generale secondo un piano comune.

8. Gleiche Haftung aller für die Arbeit

8. Uguale responsabilità di tutti nei confronti del lavoro
Aufbau von Industriearmeen, vor allem für die Landwirtschaft.
Costituzione di eserciti industriali, soprattutto per l'agricoltura.
9. Kombination der Landwirtschaft mit dem verarbeitenden Gewerbe
9. Combinazione dell'agricoltura con le industrie manifatturiere
allmähliche Aufhebung der Unterscheidung zwischen Stadt und Land durch eine gleichmäßigere Verteilung der Bevölkerung über das Land.
Graduale abolizione della distinzione tra città e campagna, mediante una distribuzione più equa della popolazione sul territorio.
10. Kostenlose Bildung für alle Kinder in öffentlichen Schulen.
10. Istruzione gratuita per tutti i bambini nelle scuole pubbliche.
Abschaffung der Kinderfabrikarbeit in ihrer jetzigen Form
Abolizione del lavoro minorile nelle fabbriche nella sua forma attuale
Kombination von Bildung und industrieller Produktion
Combinazione di istruzione e produzione industriale
Wenn im Laufe der Entwicklung die Klassenunterschiede verschwunden sind
Quando, nel corso dello sviluppo, le distinzioni di classe sono scomparse
und wenn die ganze Produktion in den Händen einer ungeheuren Assoziation der ganzen Nation konzentriert ist
e quando tutta la produzione è stata concentrata nelle mani di una vasta associazione di tutta la nazione
dann verliert die Staatsgewalt ihren politischen Charakter
allora il potere pubblico perderà il suo carattere politico

Politische Macht, eigentlich so genannt, ist nichts anderes als die organisierte Macht einer Klasse, um eine andere zu unterdrücken

Il potere politico propriamente detto non è altro che il potere organizzato di una classe per opprimerne un'altra

Wenn das Proletariat in seinem Kampf mit der Bourgeoisie durch die Gewalt der Umstände gezwungen ist, sich als Klasse zu organisieren

Se il proletariato, nella sua lotta con la borghesia, è costretto, per forza di cose, ad organizzarsi come classe

wenn sie sich durch eine Revolution zur herrschenden Klasse macht

se, per mezzo di una rivoluzione, si fa classe dominante

und als solche fegt sie mit Gewalt die alten Produktionsbedingungen hinweg

e, come tale, spazza via con la forza le vecchie condizioni di produzione

dann wird sie mit diesen Bedingungen auch die Bedingungen für die Existenz der Klassengegensätze und der Klassen überhaupt hinweggefegt haben

Allora, insieme a queste condizioni, essa avrà spazzato via le condizioni dell'esistenza degli antagonismi di classe e delle classi in generale

und wird damit seine eigene Vorherrschaft als Klasse aufgehoben haben.

e avrà così abolito la propria supremazia come classe.

An die Stelle der alten Bourgeoisie Gesellschaft mit ihren Klassen und Klassengegensätzen treten eine Assoziation

Al posto della vecchia società borghese, con le sue classi e i suoi antagonismi di classe, avremo un'associazione

eine Assoziation, in der die freie Entwicklung eines jeden die Bedingung für die freie Entwicklung aller ist

un'associazione in cui il libero sviluppo di ciascuno è la condizione per il libero sviluppo di tutti

1) Reaktionärer Sozialismus
1) Socialismo reazionario

a) Feudaler Sozialismus
a) Il socialismo feudale

die Aristokratien Frankreichs und Englands hatten eine einzigartige historische Stellung
le aristocrazie di Francia e Inghilterra avevano una posizione storica unica
es wurde zu ihrer Berufung, Pamphlete gegen die moderne Boureoisie Gesellschaft zu schreiben
divenne la loro vocazione scrivere opuscoli contro la moderna società borghese
In der französischen Revolution vom Juli 1830 und in der englischen Reformagitation
Nella rivoluzione francese del luglio 1830 e nell'agitazione riformatrice inglese
Diese Aristokratien erlagen wieder dem hasserfüllten Emporkömmling
Queste aristocrazie soccombevano di nuovo all'odioso nuovo arrivato
An eine ernsthafte politische Auseinandersetzung war fortan nicht mehr zu denken
Da quel momento in poi, una seria contesa politica era del tutto fuori questione
Alles, was möglich blieb, war eine literarische Schlacht, keine wirkliche Schlacht
Tutto ciò che rimaneva possibile era una battaglia letteraria, non una battaglia vera e propria
Aber auch auf dem Gebiet der Literatur waren die alten Schreie der Restaurationszeit unmöglich geworden
Ma anche nel campo della letteratura le vecchie grida del periodo della restaurazione erano diventate impossibili
Um Sympathie zu erregen, mußte die Aristokratie offenbar ihre eigenen Interessen aus den Augen verlieren

Per suscitare simpatia, l'aristocrazia era costretta a perdere di
vista, a quanto pare, i propri interessi
**und sie waren gezwungen, ihre Anklage gegen die
Bourgeoisie im Interesse der ausgebeuteten Arbeiterklasse
zu formulieren**
ed erano obbligati a formulare la loro accusa contro la
borghesia nell'interesse della classe operaia sfruttata
**So rächte sich die Aristokratie, indem sie ihren neuen Herrn
verspottete**
Così l'aristocrazia si prese la sua rivincita cantando beffe al
loro nuovo padrone
**Und sie rächten sich, indem sie ihm unheimliche
Prophezeiungen über die kommende Katastrophe ins Ohr
flüsterten**
e si vendicarono sussurrandogli all'orecchio sinistre profezie
di catastrofe imminente
So entstand der feudale Sozialismus: halb Klage, halb Spott
Nacque così il socialismo feudale: metà lamento, metà beffa
**Es klang halb wie ein Echo der Vergangenheit und
projizierte halb die Bedrohung der Zukunft**
Risuonava per metà come un'eco del passato e per metà una
minaccia per metà del futuro
**zuweilen traf sie durch ihre bittere, geistreiche und scharfe
Kritik die Bourgeoisie bis ins Mark**
a volte, con la sua critica amara, arguta e incisiva, colpiva la
borghesia nel profondo del cuore
**aber es war immer lächerlich in seiner Wirkung, weil es
völlig unfähig war, den Gang der neueren Geschichte zu
begreifen**
Ma è sempre stato ridicolo nel suo effetto, a causa della totale
incapacità di comprendere il corso della storia moderna
**Die Aristokratie schwenkte, um das Volk um sich zu
scharen, den proletarischen Almosensack als Banner**
L'aristocrazia, per radunare il popolo, sventolava davanti la
borsa dell'elemosina del proletariato per uno stendardo

Aber das Volk, so oft es sich zu ihnen gesellte, sah auf seinem Hinterteil die alten Feudalwappen
Ma il popolo, tutte le volte che si univa a loro, vedeva sui loro quarti posteriori i vecchi stemmi feudali
Und sie verließen mit lautem und respektlosem Gelächter
e disertarono con risate fragorose e irriverenti
Ein Teil der französischen Legitimisten und des "jungen Englands" zeigte dieses Schauspiel
Una parte dei legittimisti francesi e della "Giovane Inghilterra" ha esposto questo spettacolo
die Feudalisten wiesen darauf hin, dass ihre Ausbeutungsweise eine andere sei als die der Bourgeoisie
i feudatari facevano notare che il loro modo di sfruttamento era diverso da quello della borghesia
Die Feudalisten vergessen, dass sie unter ganz anderen Umständen und Bedingungen ausgebeutet haben
I feudatari dimenticano di aver sfruttato in circostanze e condizioni del tutto diverse
Und sie haben nicht bemerkt, dass solche Methoden der Ausbeutung heute veraltet sind
E non si sono accorti che tali metodi di sfruttamento sono ormai antiquati
Sie zeigten, dass unter ihrer Herrschaft das moderne Proletariat nie existiert hat
Hanno dimostrato che, sotto il loro dominio, il proletariato moderno non è mai esistito
aber sie vergessen, daß die moderne Bourgeoisie der notwendige Sprößling ihrer eigenen Gesellschaftsform ist
ma dimenticano che la borghesia moderna è la progenie necessaria della loro forma di società
Im übrigen verbergen sie kaum den reaktionären Charakter ihrer Kritik
Per il resto, non nascondono affatto il carattere reazionario della loro critica
ihre Hauptanklage gegen die Bourgeoisie läuft auf folgendes hinaus

la loro principale accusa contro la borghesia è la seguente

unter dem Boureoisie Regime entwickelt sich eine soziale Klasse

sotto il regime borghese si sta sviluppando una classe sociale

Diese soziale Klasse ist dazu bestimmt, die alte Gesellschaftsordnung an der Wurzel zu zerschneiden

Questa classe sociale è destinata a sradicare e ramificare il vecchio ordine della società

Womit sie die Bourgeoisie aufpeppen, ist nicht so sehr, dass sie ein Proletariat schafft

Ciò di cui rimproverano la borghesia non è tanto che essa crei un proletariato

womit sie die Bourgeoisie aufpeppen, ist mehr, dass sie ein revolutionäres Proletariat schafft

ciò di cui rimproverano la borghesia è più che altro che essa crea un proletariato rivoluzionario

In der politischen Praxis beteiligen sie sich daher an allen Zwangsmaßnahmen gegen die Arbeiterklasse

Nella pratica politica, quindi, essi si uniscono a tutte le misure coercitive contro la classe operaia

Und im gewöhnlichen Leben bücken sie sich, trotz ihrer hochtrabenden Phrasen, um die goldenen Äpfel aufzuheben, die vom Baum der Industrie fallen gelassen wurden

E nella vita ordinaria, nonostante le loro frasi altisonanti, si chinano a raccogliere le mele d'oro cadute dall'albero dell'industria

Und sie tauschen Wahrheit, Liebe und Ehre gegen den Handel mit Wolle, Rote-Bete-Zucker und Kartoffelbränden

e barattano la verità, l'amore e l'onore con il commercio della lana, dello zucchero di barbabietola e dell'acquavite di patate

Wie der Pfarrer immer Hand in Hand mit dem Gutsherrn gegangen ist, so ist es der klerikale Sozialismus mit dem feudalen Sozialismus getan

Come il parroco è sempre andato a braccetto con il
proprietario terriero, così il socialismo clericale è andato a
braccetto con il socialismo feudale

**Nichts ist leichter, als der christlichen Askese einen
sozialistischen Anstrich zu geben**

Non c'è niente di più facile che dare all'ascetismo cristiano una
sfumatura socialista

**Hat nicht das Christentum gegen das Privateigentum, gegen
die Ehe, gegen den Staat deklamiert?**

Il cristianesimo non ha forse declamato contro la proprietà
privata, contro il matrimonio, contro lo Stato?

**Hat das Christentum nicht an die Stelle dieser
Nächstenliebe und Armut getreten?**

Il cristianesimo non ha forse predicato al posto di queste, la
carità e la povertà?

**Predigt das Christentum nicht den Zölibat und die Abtötung
des Fleisches, das monastische Leben und die Mutter
Kirche?**

Il cristianesimo non predica forse il celibato e la mortificazione
della carne, la vita monastica e la Madre Chiesa?

**Der christliche Sozialismus ist nur das Weihwasser, mit dem
der Priester das Herzbrennen des Aristokraten weiht**

Il socialismo cristiano non è che l'acqua santa con cui il
sacerdote consacra i bruciori di cuore dell'aristocratico

b) Kleinbürgerlicher Sozialismus
b) Il socialismo piccolo-borghese

**Die feudale Aristokratie war nicht die einzige Klasse, die
von der Bourgeoisie ruiniert wurde**
L'aristocrazia feudale non fu l'unica classe che fu rovinata
dalla borghesia
**sie war nicht die einzige Klasse, deren Existenzbedingungen
in der Atmosphäre der modernen Bourgeoisie Gesellschaft
schmachten und zugrunde gingen**
non era l'unica classe le cui condizioni di esistenza si
struggevano e perivano nell'atmosfera della moderna società
borghese
**Die mittelalterliche Bürgerschaft und die kleinbäuerlichen
Eigentümer waren die Vorläufer des modernen Bourgeoisie**
I borghesi medievali e i piccoli proprietari contadini furono i
precursori della borghesia moderna
**In den Ländern, die industriell und kommerziell nur wenig
entwickelt sind, vegetieren diese beiden Klassen noch Seite
an Seite**
Nei paesi poco sviluppati, industrialmente e
commercialmente, queste due classi vegetano ancora l'una
accanto all'altra
**und in der Zwischenzeit erhebt sich die Bourgeoisie neben
ihnen: industriell, kommerziell und politisch**
e nel frattempo la borghesia si solleva accanto a loro:
industrialmente, commercialmente e politicamente
**In den Ländern, in denen die moderne Zivilisation voll
entwickelt ist, hat sich eine neue Klasse des
Kleinbourgeoisie gebildet**
Nei paesi in cui la civiltà moderna si è pienamente sviluppata,
si è formata una nuova classe di piccola borghesia
**diese neue soziale Klasse schwankt zwischen Proletariat
und Bourgeoisie**
questa nuova classe sociale oscilla tra proletariato e borghesia

und sie erneuert sich ständig als ergänzender Teil der
Bourgeoisie Gesellschaft

e si rinnova sempre come parte supplementare della società
borghese

**Die einzelnen Glieder dieser Klasse aber werden
fortwährend in das Proletariat hinabgeschleudert**

I singoli membri di questa classe, tuttavia, vengono
costantemente scagliati verso il proletariato

**sie werden vom Proletariat durch die Einwirkung der
Konkurrenz aufgesaugt**

Esse sono risucchiate dal proletariato attraverso l'azione della
concorrenza

**In dem Maße, wie sich die moderne Industrie entwickelt,
sehen sie sogar den Augenblick herannahen, in dem sie als
eigenständiger Teil der modernen Gesellschaft völlig
verschwinden wird**

Man mano che l'industria moderna si sviluppa, essi vedono
avvicinarsi anche il momento in cui scompariranno
completamente come sezione indipendente della società
moderna

**Sie werden in der Manufaktur, in der Landwirtschaft und
im Handel durch Aufseher, Gerichtsvollzieher und Krämer
ersetzt werden**

Saranno sostituiti, nelle manifatture, nell'agricoltura e nel
commercio, da sorveglianti, balivi e bottegai

**In Ländern wie Frankreich, wo die Bauern weit mehr als die
Hälfte der Bevölkerung ausmachen**

In paesi come la Francia, dove i contadini costituiscono molto
più della metà della popolazione

**es war natürlich, dass es Schriftsteller gab, die sich auf die
Seite des Proletariats gegen die Bourgeoisie stellten**

era naturale che ci fossero scrittori che si schieravano con il
proletariato contro la borghesia

**in ihrer Kritik am Bourgeoisie Regime benutzten sie den
Maßstab des Bauern- und Kleinbourgeoisie**

nella loro critica del regime borghese usavano lo stendardo
della piccola borghesia contadina
**Und vom Standpunkt dieser Zwischenklassen aus ergreifen
sie die Keule für die Arbeiterklasse**
E dal punto di vista di queste classi intermedie prendono il
bastone per la classe operaia
**So entstand der Kleinbourgeoisie Sozialismus, dessen
Haupt Sismondi nicht nur in Frankreich, sondern auch in
England war**
Sorse così il socialismo piccolo-borghese, di cui Sismondi era il
capo di questa scuola, non solo in Francia ma anche in
Inghilterra
**Diese Schule des Sozialismus sezierte mit großer Schärfe die
Widersprüche in den Bedingungen der modernen
Produktion**
Questa scuola del socialismo ha sezionato con grande acutezza
le contraddizioni delle condizioni della produzione moderna
**Diese Schule entlarvte die heuchlerischen
Entschuldigungen der Ökonomen**
Questa scuola ha messo a nudo le ipocrite scuse degli
economisti
**Diese Schule bewies unwiderlegbar die verheerenden
Auswirkungen der Maschinerie und der Arbeitsteilung**
Questa scuola dimostrò, in modo incontrovertibile, gli effetti
disastrosi delle macchine e della divisione del lavoro
**Es bewies die Konzentration von Kapital und Grund und
Boden in wenigen Händen**
Ha dimostrato la concentrazione del capitale e della terra in
poche mani
sie bewies, wie Überproduktion zu Bourgeoisie-Krisen führt
ha dimostrato come la sovrapproduzione porti alle crisi della
borghesia
**sie wies auf den unvermeidlichen Ruin des
Kleinbourgeoisie' und der Bauern hin**
indicava l'inevitabile rovina della piccola borghesia e del
contadino

das Elend des Proletariats, die Anarchie in der Produktion, die schreiende Ungleichheit in der Verteilung des Reichtums

la miseria del proletariato, l'anarchia nella produzione, le disuguaglianze nella distribuzione della ricchezza

Er zeigte, wie das Produktionssystem den industriellen Vernichtungskrieg zwischen den Nationen führt

Ha mostrato come il sistema di produzione conduca la guerra industriale di sterminio tra le nazioni

die Auflösung der alten sittlichen Bande, der alten Familienverhältnisse, der alten Nationalitäten

la dissoluzione dei vecchi legami morali, dei vecchi rapporti familiari, delle vecchie nazionalità

In ihren positiven Zielen strebt diese Form des Sozialismus jedoch eines von zwei Dingen an

Nei suoi obiettivi positivi, tuttavia, questa forma di socialismo aspira a raggiungere una delle due cose

Entweder zielt sie darauf ab, die alten Produktions- und Tauschmittel wiederherzustellen

o mira a ripristinare i vecchi mezzi di produzione e di scambio

und mit den alten Produktionsmitteln würde sie die alten Eigentumsverhältnisse und die alte Gesellschaft wiederherstellen

e con i vecchi mezzi di produzione avrebbe restaurato i vecchi rapporti di proprietà e la vecchia società

oder sie zielt darauf ab, die modernen Produktions- und Austauschmittel in den alten Rahmen der Eigentumsverhältnisse zu zwängen

o mira a restringere i moderni mezzi di produzione e di scambio nel vecchio quadro dei rapporti di proprietà

In beiden Fällen ist es sowohl reaktionär als auch utopisch

In entrambi i casi, è sia reazionario che utopico

Seine letzten Worte lauten: Korporativzünfte für die Manufaktur, patriarchalische Verhältnisse in der Landwirtschaft

Le sue ultime parole sono: corporazioni per la manifattura, relazioni patriarcali in agricoltura

Schließlich, als hartnäckige historische Tatsachen alle berauschenden Wirkungen der Selbsttäuschung zerstreut hatten,

Alla fine, quando i fatti storici ostinati avevano disperso tutti gli effetti inebrianti dell'autoinganno

diese Form des Sozialismus endete in einem elenden Anfall von Mitleid

questa forma di socialismo finì in un miserabile impeto di pietà

c) Deutscher oder "wahrer" Sozialismus
c) Socialismo tedesco, o "vero",

Die sozialistische und kommunistische Literatur Frankreichs entstand unter dem Druck einer herrschenden Bourgeoisie
La letteratura socialista e comunista francese ha avuto origine sotto la pressione di una borghesia al potere
Und diese Literatur war der Ausdruck des Kampfes gegen diese Macht
E questa letteratura era l'espressione della lotta contro questo potere
sie wurde in Deutschland zu einer Zeit eingeführt, als die Bourgeoisie gerade ihren Kampf mit dem feudalen Absolutismus begonnen hatte
fu introdotto in Germania in un momento in cui la borghesia aveva appena iniziato la sua lotta contro l'assolutismo feudale
Deutsche Philosophen, Möchtegern-Philosophen und Beaux Esprits griffen begierig zu dieser Literatur
I filosofi tedeschi, gli aspiranti filosofi e i bei prits si impadronirono avidamente di questa letteratura
aber sie vergaßen, daß die Schriften aus Frankreich nach Deutschland einwanderten, ohne die französischen Gesellschaftsverhältnisse mitzubringen
ma dimenticarono che gli scritti emigrarono dalla Francia in Germania senza portare con sé le condizioni sociali francesi
Im Kontakt mit den deutschen gesellschaftlichen Verhältnissen verlor diese französische Literatur ihre unmittelbare praktische Bedeutung
A contatto con le condizioni sociali tedesche, questa letteratura francese perse tutto il suo significato pratico immediato
und die kommunistische Literatur Frankreichs nahm in deutschen akademischen Kreisen einen rein literarischen Aspekt an
e la letteratura comunista francese assunse un aspetto puramente letterario nei circoli accademici tedeschi

So waren die Forderungen der ersten Französischen
Revolution nichts anderes als die Forderungen der
"praktischen Vernunft"

Così, le rivendicazioni della prima Rivoluzione francese non
erano altro che le rivendicazioni della "ragion pratica"

und die Willensäußerung der revolutionären französischen
Bourgeoisie bedeutete in ihren Augen das Gesetz des reinen
Willens

e l'espressione della volontà della borghesia rivoluzionaria
francese significava ai loro occhi la legge della pura volontà

es bedeutete den Willen, wie er sein mußte; des wahren
menschlichen Willens überhaupt

significava la Volontà come doveva essere; della vera Volontà
umana in generale

Die Welt der deutschen Literaten bestand einzig und allein
darin, die neuen französischen Ideen mit ihrem alten
philosophischen Gewissen in Einklang zu bringen

Il mondo dei letterati tedeschi consisteva unicamente nel
mettere in armonia le nuove idee francesi con la loro antica
coscienza filosofica

oder vielmehr, sie annektierten die französischen Ideen,
ohne ihren eigenen philosophischen Standpunkt
aufzugeben

o meglio, hanno annesso le idee francesi senza abbandonare il
proprio punto di vista filosofico

Diese Annexion vollzog sich auf die gleiche Weise, wie man
sich eine Fremdsprache aneignet, nämlich durch
Übersetzung

L'annessione è avvenuta nello stesso modo in cui ci si
appropria di una lingua straniera, vale a dire per traduzione

Es ist bekannt, wie die Mönche alberne Leben katholischer
Heiliger über Manuskripte schrieben

E' ben noto come i monaci scrivessero stupide vite di santi
cattolici sui manoscritti

die Manuskripte, auf denen die klassischen Werke des
antiken Heidentums geschrieben waren

i manoscritti su cui erano state scritte le opere classiche dell'antico paganesimo

Die deutschen Literaten kehrten diesen Prozess mit der profanen französischen Literatur um

I letterati tedeschi invertirono questo processo con la letteratura profana francese

Sie schrieben ihren philosophischen Unsinn unter das französische Original

Hanno scritto le loro sciocchezze filosofiche sotto l'originale francese

Zum Beispiel schrieben sie unter der französischen Kritik an den ökonomischen Funktionen des Geldes "Entfremdung der Menschheit"

Per esempio, sotto la critica francese alle funzioni economiche del denaro, hanno scritto "Alienazione dell'umanità"

unter die französische Kritik am Bourgeoisie Staat schrieben sie "Entthronung der Kategorie des Generals"

sotto la critica francese allo Stato borghese si scriveva "detronizzazione della categoria del generale"

Die Einführung dieser philosophischen Phrasen hinter der französischen Geschichtskritik nannten sie:

L'introduzione di queste frasi filosofiche alla base delle critiche storiche francesi che hanno soprannominato:

"Philosophie des Handelns", "Wahrer Sozialismus", "Deutsche Sozialismuswissenschaft", "Philosophische Grundlagen des Sozialismus" und so weiter

"Filosofia dell'azione", "Vero socialismo", "Scienza tedesca del socialismo", "Fondamento filosofico del socialismo" e così via

Die französische sozialistische und kommunistische Literatur wurde damit völlig entmannt

La letteratura socialista e comunista francese fu così completamente evirata

in den Händen der deutschen Philosophen hörte sie auf, den Kampf der einen Klasse mit der anderen auszudrücken

nelle mani dei filosofi tedeschi cessò di esprimere la lotta di una classe contro l'altra

und so fühlten sich die deutschen Philosophen bewußt, die
"französische Einseitigkeit" überwunden zu haben
e così i filosofi tedeschi si sentivano coscienti di aver superato
"l'unilateralità francese"
Sie musste keine wahren Forderungen repräsentieren,
sondern sie repräsentierte Forderungen der Wahrheit
Non doveva rappresentare le vere esigenze, piuttosto,
rappresentava le esigenze della verità
es gab kein Interesse am Proletariat, sondern an der
menschlichen Natur
non c'era interesse per il proletariato, ma c'era interesse per la
natura umana
das Interesse galt dem Menschen überhaupt, der keiner
Klasse angehört und keine Wirklichkeit hat
l'interesse era per l'uomo in generale, che non appartiene a
nessuna classe e non ha realtà
ein Mann, der nur im nebligen Reich der philosophischen
Fantasie existiert
un uomo che esiste solo nel regno nebbioso della fantasia
filosofica
aber schließlich verlor auch dieser deutsche
Schulsozialismus seine pedantische Unschuld
ma alla fine anche questo socialismo tedesco da scolaro perse
la sua pedante innocenza
die deutsche Bourgeoisie und besonders die preußische
Bourgeoisie kämpfte gegen die feudale Aristokratie
la borghesia tedesca, e specialmente la borghesia prussiana,
combattevano contro l'aristocrazia feudale
auch die absolute Monarchie Deutschlands und Preußens
wurde bekämpft
anche la monarchia assoluta di Germania e di Prussia veniva
presa in giro
Und im Gegenzug wurde auch die Literatur der liberalen
Bewegung ernster
E a sua volta, anche la letteratura del movimento liberale
divenne più seria

Deutschlands lang ersehnte Chance auf einen "wahren" Sozialismus wurde geboten
La Germania ha avuto l'opportunità a lungo desiderata per il "vero" socialismo
die Möglichkeit, die politische Bewegung mit den sozialistischen Forderungen zu konfrontieren
l'opportunità di confrontare il movimento politico con le rivendicazioni socialiste
die Gelegenheit, die traditionellen Bannsprüche gegen den Liberalismus zu schleudern
L'opportunità di scagliare i tradizionali anatemi contro il liberalismo
die Möglichkeit, die repräsentative Regierung und die Bourgeoisie Konkurrenz anzugreifen
l'opportunità di attaccare il governo rappresentativo e la concorrenza borghese
Pressefreiheit der Bourgeoisie, Bourgeoisie Gesetzgebung, Bourgeoisie Freiheit und Gleichheit
Libertà di stampa della borghesia, Legislazione della borghesia, Libertà e uguaglianza della borghesia
All dies könnte nun in der realen Welt kritisiert werden, anstatt in der Fantasie
Tutto questo potrebbe ora essere criticato nel mondo reale, piuttosto che nella fantasia
Feudalaristokratie und absolute Monarchie hatten den Massen lange gepredigt
L'aristocrazia feudale e la monarchia assoluta avevano a lungo predicato alle masse
"Der Arbeiter hat nichts zu verlieren und er hat alles zu gewinnen"
"L'operaio non ha nulla da perdere e ha tutto da guadagnare"
auch die Bourgeoisie bewegung bot eine Chance, sich mit diesen Plattitüden auseinanderzusetzen
anche il movimento borghese offriva la possibilità di confrontarsi con questi luoghi comuni

die französische Kritik setzte die Existenz der modernen Bourgeoisie Gesellschaft voraus
la critica francese presupponeva l'esistenza di una moderna società borghese

Bourgeoisie, ökonomische Existenzbedingungen und Bourgeoisie politische Verfassung
Condizioni economiche di esistenza della borghesia e costituzione politica della borghesia

gerade die Dinge, deren Errungenschaft Gegenstand des in Deutschland anstehenden Kampfes war
le stesse cose il cui raggiungimento era l'oggetto della lotta in corso in Germania

Deutschlands albernes Echo des Sozialismus hat diese Ziele gerade noch rechtzeitig aufgegeben
La sciocca eco del socialismo in Germania ha abbandonato questi obiettivi appena in tempo

Die absoluten Regierungen hatten ihre Gefolgschaft aus Pfarrern, Professoren, Landjunkern und Beamten
I governi assoluti avevano il loro seguito di parroci, professori, signorotti e funzionari

die damalige Regierung begegnete den deutschen Arbeiteraufständen mit Auspeitschungen und Kugeln
il governo dell'epoca rispose alle insurrezioni della classe operaia tedesca con fustigazioni e pallottole

ihnen diente dieser Sozialismus als willkommene Vogelscheuche gegen die drohende Bourgeoisie
per loro questo socialismo serviva da gradito spaventapasseri contro la borghesia minacciosa

und die deutsche Regierung konnte nach den bitteren Pillen, die sie austeilte, ein süßes Dessert anbieten
e il governo tedesco è stato in grado di offrire un dolce dessert dopo le pillole amare che ha distribuito

dieser "wahre" Sozialismus diente also den Regierungen als Waffe im Kampf gegen die deutsche Bourgeoisie
questo "vero" socialismo servì così ai governi come arma per combattere la borghesia tedesca

und gleichzeitig repräsentierte sie direkt ein reaktionäres Interesse; die der deutschen Philister

e, allo stesso tempo, rappresentava direttamente un interesse reazionario; quella dei Filistei tedeschi

In Deutschland ist das Kleinbourgeoisie die wirkliche gesellschaftliche Grundlage des bestehenden Zustandes

In Germania la classe della piccola borghesia è la vera base sociale dello stato di cose esistente

Ein Relikt des sechzehnten Jahrhunderts, das immer wieder in verschiedenen Formen auftaucht

Una reliquia del XVI secolo che è costantemente emersa sotto varie forme

Diese Klasse zu bewahren bedeutet, den bestehenden Zustand in Deutschland zu bewahren

Preservare questa classe significa preservare lo stato di cose esistente in Germania

Die industrielle und politische Vorherrschaft der Bourgeoisie bedroht das KleinBourgeoisie mit der sicheren Vernichtung

La supremazia industriale e politica della borghesia minaccia la piccola borghesia di sicura distruzione

auf der einen Seite droht sie das Kleinbourgeoisiedurch die Konzentration des Kapitals zu vernichten

da un lato, minaccia di distruggere la piccola borghesia attraverso la concentrazione del capitale

auf der anderen Seite droht die Bourgeoisie, sie durch den Aufstieg eines revolutionären Proletariats zu zerstören

dall'altra parte, la borghesia minaccia di distruggerla con l'ascesa di un proletariato rivoluzionario

Der "wahre" Sozialismus schien diese beiden Fliegen mit einer Klappe zu schlagen. Es breitete sich wie eine Epidemie aus

Il "vero" socialismo sembrava prendere questi due piccioni con una fava. Si diffuse come un'epidemia

Das Gewand spekulativer Spinnweben, bestickt mit Blumen der Rhetorik, durchtränkt vom Tau kränklicher Gefühle

La veste di ragnatele speculative, ricamata di fiori di retorica,
intrisa della rugiada di un sentimento malaticcio

**dieses transzendentale Gewand, in das die deutschen
Sozialisten ihre traurigen "ewigen Wahrheiten" hüllten**

questa veste trascendentale in cui i socialisti tedeschi
avvolsero le loro tristi "verità eterne"

**alle Haut und Knochen, dienten dazu, den Absatz ihrer
Waren bei einem solchen Publikum wunderbar zu
vermehren.**

tutto pelle e ossa, servirono ad aumentare meravigliosamente
la vendita dei loro prodotti tra un pubblico così

**Und der deutsche Sozialismus seinerseits erkannte mehr
und mehr seine eigene Berufung**

E da parte sua, il socialismo tedesco riconosceva, sempre di
più, la propria vocazione

**sie war berufen, die bombastische Vertreterin des
Kleinbourgeoisie Philisters zu sein**

era chiamato ad essere il roboante rappresentante della piccola
borghesia filistea

**Sie proklamierte die deutsche Nation als Musternation und
den deutschen Kleinphilister als Mustermann**

Proclamò che la nazione tedesca era la nazione modello, e il
piccolo filisteo tedesco l'uomo modello

**Jeder schurkischen Gemeinheit dieses Mustermenschen gab
sie eine verborgene, höhere, sozialistische Deutung**

A ogni malvagia meschinità di quest'uomo modello dava
un'interpretazione nascosta, più alta, socialista

**diese höhere, sozialistische Deutung war das genaue
Gegenteil ihres wirklichen Charakters**

questa interpretazione superiore e socialista era l'esatto
contrario del suo vero carattere

**Sie ging so weit, sich der "brutal destruktiven" Tendenz des
Kommunismus direkt entgegenzustellen**

Arrivò al punto di opporsi direttamente alla tendenza
"brutalmente distruttiva" del comunismo

und sie proklamierte ihre höchste und unparteiische Verachtung aller Klassenkämpfe

e proclamava il suo supremo e imparziale disprezzo di tutte le lotte di classe

Mit sehr wenigen Ausnahmen gehören alle sogenannten sozialistischen und kommunistischen Publikationen, die jetzt (1847) in Deutschland zirkulieren, in den Bereich dieser üblen und entnervenden Literatur

Con pochissime eccezioni, tutte le cosiddette pubblicazioni socialiste e comuniste che circolano ora (1847) in Germania appartengono al dominio di questa letteratura sporca e snervante

2) Konservativer Sozialismus oder bürgerlicher Sozialismus
2) Socialismo conservatore, o socialismo borghese

Ein Teil der Bourgeoisie will soziale Missstände beseitigen
Una parte della borghesia è desiderosa di rimediare alle
rimostranze sociali
um den Fortbestand der Bourgeoisie Gesellschaft zu sichern
al fine di assicurare la continuazione dell'esistenza della
società borghese
**Zu dieser Sektion gehören Ökonomen, Philanthropen,
Menschenfreunde**
A questa sezione appartengono economisti, filantropi,
umanitari
**Verbesserer der Lage der Arbeiterklasse und Organisatoren
der Wohltätigkeit**
miglioratori della condizione della classe operaia e
organizzatori di carità
**Mitglieder von Gesellschaften zur Verhütung von
Tierquälerei**
Membri di associazioni per la prevenzione della crudeltà verso
gli animali
**Mäßigkeitsfanatiker, Loch-und-Ecken-Reformer aller
erdenklichen Art**
Fanatici della temperanza, riformatori di ogni tipo
immaginabile
**Diese Form des Sozialismus ist überdies zu vollständigen
Systemen ausgearbeitet worden**
Questa forma di socialismo, inoltre, è stata elaborata in sistemi
completi
**Als Beispiel für diese Form sei Proudhons "Philosophie de
la Misère" angeführt**
Possiamo citare la "Philosophie de la Misère" di Proudhon
come esempio di questa forma
**Die sozialistische Bourgeoisie will alle Vorteile der
modernen gesellschaftlichen Verhältnisse**

La borghesia socialista vuole tutti i vantaggi delle condizioni
sociali moderne
**aber die sozialistische Bourgeoisie will nicht unbedingt die
daraus resultierenden Kämpfe und Gefahren**
ma la borghesia socialista non vuole necessariamente le lotte e
i pericoli che ne derivano
**Sie wollen den bestehenden Zustand der Gesellschaft,
abzüglich ihrer revolutionären und zerfallenden Elemente**
Desiderano lo stato attuale della società, senza i suoi elementi
rivoluzionari e disgregatori
**mit anderen Worten, sie wünschen sich eine Bourgeoisie
ohne Proletariat**
in altre parole, vogliono una borghesia senza proletariato
**Die Bourgeoisie begreift natürlich die Welt, in der sie die
höchste ist, die Beste zu sein**
La borghesia concepisce naturalmente il mondo in cui è
supremo essere il migliore
**und der Bourgeoisie Sozialismus entwickelt diese bequeme
Auffassung zu verschiedenen mehr oder weniger
vollständigen Systemen**
e il socialismo borghese sviluppa questa concezione comoda in
vari sistemi più o meno completi
**sie wünschen sich sehr, dass das Proletariat geradewegs in
das soziale Neue Jerusalem marschiert**
vorrebbero che il proletariato marciasse subito nella Nuova
Gerusalemme sociale
**Aber in Wirklichkeit verlangt sie, dass das Proletariat
innerhalb der Grenzen der bestehenden Gesellschaft bleibt**
Ma in realtà richiede che il proletariato rimanga entro i limiti
della società esistente
**sie fordern das Proletariat auf, alle seine hasserfüllten Ideen
über die Bourgeoisie abzulegen**
chiedono al proletariato di gettare via tutte le loro odiose idee
sulla borghesia
**es gibt eine zweite, praktischere, aber weniger systematische
Form dieses Sozialismus**

c'è una seconda forma più pratica, ma meno sistematica, di
questo socialismo
**Diese Form des Sozialismus versuchte, jede revolutionäre
Bewegung in den Augen der Arbeiterklasse abzuwerten**
Questa forma di socialismo cercava di svalutare ogni
movimento rivoluzionario agli occhi della classe operaia
**Sie argumentieren, dass keine bloße politische Reform für
sie von Vorteil sein könnte**
Sostengono che nessuna semplice riforma politica potrebbe
essere di alcun vantaggio per loro
**nur eine Veränderung der materiellen Existenzbedingungen
in den wirtschaftlichen Beziehungen ist von Nutzen**
solo un cambiamento delle condizioni materiali di esistenza
nei rapporti economici è di beneficio
**Wie der Kommunismus tritt auch diese Form des
Sozialismus für eine Veränderung der materiellen
Existenzbedingungen ein**
Come il comunismo, questa forma di socialismo auspica un
cambiamento delle condizioni materiali di esistenza
**Diese Form des Sozialismus bedeutet jedoch keineswegs,
dass die Bourgeoisie Produktionsverhältnisse abgeschafft
werden**
tuttavia, questa forma di socialismo non suggerisce affatto
l'abolizione dei rapporti di produzione borghesi
**die Abschaffung der Bourgeoisie Produktionsverhältnisse
kann nur durch eine Revolution erreicht werden**
l'abolizione dei rapporti di produzione borghesi può essere
raggiunta solo attraverso una rivoluzione
**Doch statt einer Revolution schlägt diese Form des
Sozialismus Verwaltungsreformen vor**
Ma invece di una rivoluzione, questa forma di socialismo
suggerisce riforme amministrative
**und diese Verwaltungsreformen würden auf dem
Fortbestand dieser Beziehungen beruhen**
e queste riforme amministrative si baserebbero sulla
continuazione di queste relazioni

Reformen, die in keiner Weise die Beziehungen zwischen Kapital und Arbeit berühren
riforme, quindi, che non incidono in alcun modo sui rapporti tra capitale e lavoro
im besten Fall verringern solche Reformen die Kosten und vereinfachen die Verwaltungsarbeit der Bourgeoisie Regierung
nella migliore delle ipotesi, tali riforme diminuiscono i costi e semplificano il lavoro amministrativo del governo borghese
Der Bourgeoisie Sozialismus kommt dann und nur dann adäquat zum Ausdruck, wenn er zur bloßen Redewendung wird
Il socialismo borghese raggiunge un'espressione adeguata quando, e solo quando, diventa una semplice figura retorica
Freihandel: zum Wohle der Arbeiterklasse
Libero scambio: a beneficio della classe operaia
Schutzpflichten: zum Wohle der Arbeiterklasse
Doveri di protezione: a beneficio della classe operaia
Gefängnisreform: zum Wohle der Arbeiterklasse
Riforma carceraria: a beneficio della classe operaia
Das ist das letzte Wort und das einzig ernst gemeinte Wort des Bourgeoisie Sozialismus
Questa è l'ultima parola e l'unica parola seriamente intesa del socialismo borghese
Sie ist in dem Satz zusammengefasst: Die Bourgeoisie ist eine Bourgeoisie zum Wohle der Arbeiterklasse
Si riassume nella frase: la borghesia è una borghesia a beneficio della classe operaia

3) Kritisch-utopischer Sozialismus und Kommunismus
3) Socialismo critico-utopico e comunismo

Wir beziehen uns hier nicht auf jene Literatur, die den Forderungen des Proletariats immer eine Stimme gegeben hat
Non ci riferiamo qui a quella letteratura che ha sempre dato voce alle rivendicazioni del proletariato
dies war in jeder großen modernen Revolution vorhanden, wie z. B. in den Schriften von Babeuf und anderen
questo è stato presente in ogni grande rivoluzione moderna, come gli scritti di Babeuf e altri
Die ersten unmittelbaren Versuche des Proletariats, seine eigenen Ziele zu erreichen, scheiterten notwendigerweise
I primi tentativi diretti del proletariato di raggiungere i propri fini fallirono necessariamente
Diese Versuche wurden in Zeiten allgemeiner Aufregung unternommen, als die feudale Gesellschaft gestürzt wurde
Questi tentativi furono fatti in tempi di eccitazione universale, quando la società feudale veniva rovesciata
Der damals noch unterentwickelte Zustand des Proletariats führte zum Scheitern dieser Versuche
Lo stato allora sottosviluppato del proletariato fece fallire quei tentativi
und sie scheiterten am Fehlen der wirtschaftlichen Voraussetzungen für ihre Emanzipation
e fallirono per l'assenza delle condizioni economiche per la sua emancipazione
Bedingungen, die erst noch geschaffen werden mussten und die durch die bevorstehende Epoche der Bourgeoisie allein hervorgebracht werden konnten
condizioni che dovevano ancora essere prodotte, e che potevano essere prodotte solo dall'imminente epoca della borghesia

Die revolutionäre Literatur, die diese ersten Bewegungen des Proletariats begleitete, hatte notwendigerweise einen reaktionären Charakter

La letteratura rivoluzionaria che accompagnò questi primi movimenti del proletariato ebbe necessariamente un carattere reazionario

Diese Literatur schärfte universelle Askese und soziale Nivellierung in ihrer gröbsten Form ein

Questa letteratura inculcava l'ascetismo universale e il livellamento sociale nella sua forma più cruda

Die sozialistischen und kommunistischen Systeme, die man eigentlich so nennt, entstehen in der frühen unentwickelten Periode

I sistemi socialista e comunista, propriamente detti, sorgono all'esistenza nel primo periodo non sviluppato

Saint-Simon, Fourier, Owen und andere beschrieben den Kampf zwischen Proletariat und Bourgeoisie (siehe Abschnitt 1)

Saint-Simon, Fourier, Owen e altri, hanno descritto la lotta tra proletariato e borghesia (vedi Sezione 1)

Die Begründer dieser Systeme sehen in der Tat die Klassengegensätze

I fondatori di questi sistemi vedono, infatti, gli antagonismi di classe

Sie sehen auch das Wirken der sich zersetzenden Elemente in der herrschenden Gesellschaftsform

Vedono anche l'azione degli elementi in decomposizione, nella forma prevalente della società

Aber das Proletariat, das noch in den Kinderschuhen steckt, bietet ihnen das Schauspiel einer Klasse ohne jede historische Initiative

Ma il proletariato, ancora agli albori, offre loro lo spettacolo di una classe senza alcuna iniziativa storica

Sie sehen das Schauspiel einer sozialen Klasse ohne unabhängige politische Bewegung

Vedono lo spettacolo di una classe sociale senza alcun movimento politico indipendente

Die Entwicklung des Klassengegensatzes hält mit der Entwicklung der Industrie Schritt

Lo sviluppo dell'antagonismo di classe va di pari passo con lo sviluppo dell'industria

Die ökonomische Lage bietet ihnen also noch nicht die materiellen Bedingungen für die Befreiung des Proletariats

Perciò la situazione economica non offre ancora loro le condizioni materiali per l'emancipazione del proletariato

Sie suchen also nach einer neuen Sozialwissenschaft, nach neuen sozialen Gesetzen, die diese Bedingungen schaffen sollen

Cercano quindi una nuova scienza sociale, nuove leggi sociali, che creino queste condizioni

historisches Handeln besteht darin, sich ihrem persönlichen erfinderischen Handeln zu beugen

l'azione storica è cedere alla loro personale azione inventiva

Historisch geschaffene Emanzipationsbedingungen sollen phantastischen Verhältnissen weichen

Le condizioni di emancipazione create storicamente devono cedere a condizioni fantastiche

und die allmähliche, spontane Klassenorganisation des Proletariats soll der Organisation der Gesellschaft weichen

e l'organizzazione di classe graduale e spontanea del proletariato deve cedere il passo all'organizzazione della società

die Organisation der Gesellschaft, die von diesen Erfindern eigens ersonnen wurde

l'organizzazione della società appositamente escogitata da questi inventori

Die zukünftige Geschichte löst sich in ihren Augen in die Propaganda und die praktische Durchführung ihrer sozialen Pläne auf

La storia futura si risolve, ai loro occhi, nella propaganda e nell'attuazione pratica dei loro piani sociali

Bei der Ausarbeitung ihrer Pläne sind sie sich bewußt, daß sie sich in erster Linie um die Interessen der Arbeiterklasse kümmern
Nella formazione dei loro piani essi sono coscienti di preoccuparsi principalmente degli interessi della classe operaia
Nur unter dem Gesichtspunkt, die leidendste Klasse zu sein, existiert das Proletariat für sie
Solo dal punto di vista della classe più sofferente il proletariato esiste per loro
Der unentwickelte Zustand des Klassenkampfes und ihre eigene Umgebung prägen ihre Meinungen
Lo stato di sottosviluppo della lotta di classe e il loro ambiente informano le loro opinioni
Sozialisten dieser Art halten sich allen Klassengegensätzen weit überlegen
I socialisti di questo tipo si considerano di gran lunga superiori a tutti gli antagonismi di classe
Sie wollen die Lage jedes Mitglieds der Gesellschaft verbessern, auch die der Begünstigten
Vogliono migliorare la condizione di ogni membro della società, anche quella dei più favoriti
Daher appellieren sie gewöhnlich an die Gesellschaft als Ganzes, ohne Unterschied der Klasse
Quindi, si rivolgono abitualmente alla società in generale, senza distinzione di classe
Ja, sie appellieren an die Gesellschaft als Ganzes, indem sie die herrschende Klasse bevorzugen
anzi, si rivolgono alla società in generale preferendo la classe dominante
Für sie ist alles, was es braucht, dass andere ihr System verstehen
Per loro, tutto ciò che serve è che gli altri capiscano il loro sistema

Denn wie können die Menschen nicht erkennen, dass der bestmögliche Plan für den bestmöglichen Zustand der Gesellschaft ist?

Perché come si può non vedere che il miglior piano possibile è per il miglior stato possibile della società?

Daher lehnen sie jede politische und vor allem jede revolutionäre Aktion ab

Perciò essi rifiutano ogni azione politica, e specialmente ogni azione rivoluzionaria

Sie wollen ihre Ziele mit friedlichen Mitteln erreichen

desiderano raggiungere i loro fini con mezzi pacifici

Sie bemühen sich durch kleine Experimente, die notwendigerweise zum Scheitern verurteilt sind

tentano, con piccoli esperimenti, che sono necessariamente destinati al fallimento

und durch die Kraft des Beispiels versuchen sie, den Weg für das neue soziale Evangelium zu ebnen

e con la forza dell'esempio cercano di aprire la strada al nuovo Vangelo sociale

Welch phantastische Bilder von der zukünftigen Gesellschaft, gemalt in einer Zeit, in der sich das Proletariat noch in einem sehr unterentwickelten Zustand befindet

Immagini fantastiche della società futura, dipinte in un'epoca in cui il proletariato è ancora in uno stato molto sottosviluppato

und sie hat immer noch nur eine phantastische Vorstellung von ihrer eigenen Stellung

e non ha che una concezione fantastica della propria posizione

aber ihre ersten instinktiven Sehnsüchte entsprechen den Sehnsüchten des Proletariats

ma le loro prime aspirazioni istintive corrispondono alle aspirazioni del proletariato

Beide sehnen sich nach einem allgemeinen Umbau der Gesellschaft

Entrambi anelano ad una ricostruzione generale della società

Aber diese sozialistischen und kommunistischen
Veröffentlichungen enthalten auch ein kritisches Element
Ma queste pubblicazioni socialiste e comuniste contengono
anche un elemento critico
Sie greifen jedes Prinzip der bestehenden Gesellschaft an
Attaccano ogni principio della società esistente
Daher sind sie voll von den wertvollsten Materialien für die
Aufklärung der Arbeiterklasse
Perciò sono pieni dei materiali più preziosi per l'illuminazione
della classe operaia
Sie schlagen die Abschaffung der Unterscheidung zwischen
Stadt und Land und der Familie vor
Propongono l'abolizione della distinzione tra città e
campagna, e la famiglia
die Abschaffung des Gewerbetreibens für Rechnung von
Privatpersonen
l'abolizione dell'esercizio di industrie per conto di privati
und die Abschaffung des Lohnsystems und die
Proklamation des sozialen Friedens
e l'abolizione del sistema salariale e la proclamazione
dell'armonia sociale
die Verwandlung der Funktionen des Staates in eine bloße
Aufsicht über die Produktion
la trasformazione delle funzioni dello Stato in una mera
sovrintendenza alla produzione
Alle diese Vorschläge deuten einzig und allein auf das
Verschwinden der Klassengegensätze hin
Tutte queste proposte puntano unicamente alla scomparsa
degli antagonismi di classe
Klassengegensätze waren damals gerade erst im Entstehen
begriffen
Gli antagonismi di classe, a quel tempo, stavano appena
emergendo
In diesen Veröffentlichungen werden diese
Klassengegensätze nur in ihren frühesten, undeutlichen und
unbestimmten Formen anerkannt

In queste pubblicazioni questi antagonismi di classe sono riconosciuti solo nelle loro forme più antiche, indistinte e indefinite

Diese Vorschläge haben also rein utopischen Charakter

Queste proposte, quindi, hanno un carattere puramente utopico

Die Bedeutung des kritisch-utopischen Sozialismus und des Kommunismus steht in einem umgekehrten Verhältnis zur historischen Entwicklung

L'importanza del socialismo critico-utopico e del comunismo ha una relazione inversa con lo sviluppo storico

Der moderne Klassenkampf wird sich entwickeln und weiter konkrete Gestalt annehmen

La lotta di classe moderna si svilupperà e continuerà ad assumere una forma definita

Dieses fantastische Ansehen des Wettbewerbs wird jeden praktischen Wert verlieren

Questa fantastica posizione del concorso perderà ogni valore pratico

Diese phantastischen Angriffe auf die Klassengegensätze verlieren jede theoretische Rechtfertigung

Questi fantastici attacchi agli antagonismi di classe perderanno ogni giustificazione teorica

Die Urheber dieser Systeme waren in vielerlei Hinsicht revolutionär

I creatori di questi sistemi furono, per molti aspetti, rivoluzionari

Aber ihre Jünger haben in jedem Fall bloße reaktionäre Sekten gebildet

ma i loro discepoli hanno, in ogni caso, formato semplici sette reazionarie

Sie halten an den ursprünglichen Ansichten ihrer Meister fest

Si aggrappano saldamente alle vedute originali dei loro padroni

Aber diese Anschauungen stehen im Gegensatz zur
fortschreitenden geschichtlichen Entwicklung des
Proletariats
Ma queste concezioni sono in contrasto con il progressivo
sviluppo storico del proletariato
Sie bemühen sich daher, und zwar konsequent, den
Klassenkampf abzustumpfen
Essi, quindi, si sforzano, e con coerenza, di smorzare la lotta di
classe
Und sie bemühen sich konsequent, die Klassengegensätze
zu versöhnen
e si sforzano costantemente di conciliare gli antagonismi di
classe
Noch träumen sie von der experimentellen Umsetzung ihrer
gesellschaftlichen Utopien
Sognano ancora la realizzazione sperimentale delle loro utopie
sociali
sie träumen immer noch davon, isolierte "Phalanster" zu
gründen und "Heimatkolonien" zu gründen
sognano ancora di fondare "falansteri" isolati e di fondare
"colonie domestiche"
sie träumen davon, eine "Kleine Ikaria" zu errichten –
Duodecimo-Ausgaben des Neuen Jerusalem
sognano di creare una "Piccola Icaria" – edizioni duodecimo
della Nuova Gerusalemme
Und sie träumen davon, all diese Luftschlösser zu
verwirklichen
e sognano di realizzare tutti questi castelli in aria
Sie sind gezwungen, an die Gefühle und den Geldbeutel der
Bourgeoisie zu appellieren
sono costretti a fare appello ai sentimenti e alle tasche della
borghesia
Nach und nach sinken sie in die Kategorie der oben
dargestellten reaktionären konservativen Sozialisten
A poco a poco sprofondano nella categoria dei socialisti
conservatori reazionari sopra descritti

sie unterscheiden sich von diesen nur durch systematischere Pedanterie

differiscono da questi solo per una pedanteria più sistematica

und sie unterscheiden sich durch ihren fanatischen und abergläubischen Glauben an die Wunderwirkungen ihrer Sozialwissenschaft

e differiscono per la loro fede fanatica e superstiziosa negli effetti miracolosi della loro scienza sociale

Sie widersetzen sich daher gewaltsam jeder politischen Aktion der Arbeiterklasse

Essi, quindi, si oppongono violentemente ad ogni azione politica da parte della classe operaia

ein solches Handeln kann ihrer Meinung nach nur aus blindem Unglauben an das neue Evangelium resultieren

tale azione, secondo loro, può derivare solo da una cieca incredulità nel nuovo Vangelo

Die Owenisten in England und die Fourieristen in Frankreich stehen den Chartisten und den "Réformisten" entgegen

Gli oweniti in Inghilterra e i fourieristi in Francia, rispettivamente, si oppongono ai cartisti e ai "réformisti"

Stellung der Kommunisten zu den verschiedenen bestehenden Oppositionsparteien
Posizione dei comunisti nei confronti dei vari partiti di opposizione esistenti

Abschnitt II hat die Beziehungen der Kommunisten zu den bestehenden Arbeiterparteien deutlich gemacht
La sezione II ha chiarito i rapporti dei comunisti con i partiti operai esistenti
wie die Chartisten in England und die Agrarreformer in Amerika
come i cartisti in Inghilterra e i riformatori agrari in America
Die Kommunisten kämpfen für die Erreichung der unmittelbaren Ziele
I comunisti lottano per il raggiungimento degli obiettivi immediati
Sie kämpfen für die Durchsetzung der momentanen Interessen der Arbeiterklasse
Lottano per l'imposizione degli interessi momentanei della classe operaia
Aber in der politischen Bewegung der Gegenwart repräsentieren und kümmern sie sich auch um die Zukunft dieser Bewegung
Ma nel movimento politico del presente, essi rappresentano e si prendono cura anche del futuro di quel movimento
In Frankreich verbünden sich die Kommunisten mit den Sozialdemokraten
In Francia i comunisti si alleano con i socialdemocratici
und sie positionieren sich gegen die konservative und radikale Bourgeoisie
e si posizionano contro la borghesia conservatrice e radicale
sie behalten sich jedoch das Recht vor, eine kritische Position gegenüber Phrasen und Illusionen einzunehmen, die traditionell aus der großen Revolution überliefert sind

tuttavia, si riservano il diritto di assumere una posizione critica nei confronti delle frasi e delle illusioni tradizionalmente tramandate dalla grande Rivoluzione

In der Schweiz unterstützt man die Radikalen, ohne dabei aus den Augen zu verlieren, dass diese Partei aus antagonistischen Elementen besteht

In Svizzera appoggiano i radicali, senza perdere di vista il fatto che questo partito è composto da elementi antagonisti

teils von demokratischen Sozialisten im französischen Sinne, teils von radikaler Bourgeoisie

in parte di socialisti democratici, nel senso francese, in parte di borghesia radicale

In Polen unterstützen sie die Partei, die auf einer Agrarrevolution als Hauptbedingung für die nationale Emanzipation beharrt

In Polonia appoggiano il partito che insiste sulla rivoluzione agraria come condizione primaria per l'emancipazione nazionale

jene Partei, die 1846 den Krakauer Aufstand angezettelt hatte

quel partito che fomentò l'insurrezione di Cracovia nel 1846

In Deutschland kämpft man mit der Bourgeoisie, wenn sie revolutionär handelt

In Germania combattono contro la borghesia ogni volta che agisce in modo rivoluzionario

gegen die absolute Monarchie, das feudale Eichhörnchen und das Kleinbourgeoisie

contro la monarchia assoluta, lo scudiero feudale e la piccola borghesia

Aber sie hören nicht auf, der Arbeiterklasse auch nur einen Augenblick lang eine bestimmte Idee einzuflößen

Ma essi non cessano mai, nemmeno per un istante, di instillare nella classe operaia un'idea particolare

die klarste Erkenntnis des feindlichen Antagonismus zwischen Bourgeoisie und Proletariat

il riconoscimento più chiaro possibile dell'antagonismo ostile
tra borghesia e proletariato
**damit die deutschen Arbeiter sofort von den ihnen zur
Verfügung stehenden Waffen Gebrauch machen können**
in modo che gli operai tedeschi possano usare
immediatamente le armi a loro disposizione
**die sozialen und politischen Bedingungen, die die
Bourgeoisie mit ihrer Herrschaft notwendigerweise
einführen muss**
le condizioni sociali e politiche che la borghesia deve
necessariamente introdurre insieme alla sua supremazia
**der Sturz der reaktionären Klassen in Deutschland ist
unvermeidlich**
la caduta delle classi reazionarie in Germania è inevitabile
**und dann kann der Kampf gegen die Bourgeoisie selbst
sofort beginnen**
e allora la lotta contro la borghesia stessa può cominciare
immediatamente
**Die Kommunisten richten ihre Aufmerksamkeit
hauptsächlich auf Deutschland, weil dieses Land am
Vorabend einer Bourgeoisie Revolution steht**
I comunisti rivolgono la loro attenzione soprattutto alla
Germania, perché questo paese è alla vigilia di una
rivoluzione borghese
**eine Revolution, die unter den fortgeschritteneren
Bedingungen der europäischen Zivilisation durchgeführt
werden muss**
una rivoluzione che è destinata a compiersi nelle condizioni
più avanzate della civiltà europea
**Und sie wird mit einem viel weiter entwickelten Proletariat
durchgeführt werden**
ed è destinata ad essere attuata con un proletariato molto più
sviluppato
**ein Proletariat, das weiter fortgeschritten war als das
Englands im 17. und Frankreichs im 18. Jahrhundert**

un proletariato più progredito di quello dell'Inghilterra nel XVII secolo e della Francia nel XVIII secolo

und weil die Bourgeoisie Revolution in Deutschland nur das Vorspiel zu einer unmittelbar folgenden proletarischen Revolution sein wird

e perché la rivoluzione borghese in Germania non sarà che il preludio di una rivoluzione proletaria immediatamente successiva

Kurz gesagt, die Kommunisten unterstützen überall jede revolutionäre Bewegung gegen die bestehende soziale und politische Ordnung der Dinge

In breve, i comunisti appoggiano dappertutto ogni movimento rivoluzionario contro l'ordine sociale e politico esistente

In all diesen Bewegungen rücken sie als Leitfrage die Eigentumsfrage in den Vordergrund

In tutti questi movimenti essi portano in primo piano, come questione principale in ciascuno di essi, la questione della proprietà

unabhängig davon, wie hoch der Entwicklungsstand in diesem Land zu diesem Zeitpunkt ist

non importa quale sia il suo grado di sviluppo in quel paese in quel momento

Schließlich setzen sie sich überall für die Vereinigung und Zustimmung der demokratischen Parteien aller Länder ein

Infine, lavorano dappertutto per l'unione e l'accordo dei partiti democratici di tutti i paesi

Die Kommunisten verschmähen es, ihre Ansichten und Ziele zu verheimlichen

I comunisti disdegnano di nascondere le loro opinioni e i loro obiettivi

Sie erklären offen, dass ihre Ziele nur durch den gewaltsamen Umsturz aller bestehenden gesellschaftlichen Verhältnisse erreicht werden können

Dichiarano apertamente che i loro fini possono essere raggiunti solo con il rovesciamento forzato di tutte le condizioni sociali esistenti

Mögen die herrschenden Klassen vor einer kommunistischen Revolution zittern
Che le classi dominanti tremino di fronte a una rivoluzione comunista
Die Proletarier haben nichts zu verlieren als ihre Ketten
I proletari non hanno nulla da perdere se non le loro catene
Sie haben eine Welt zu gewinnen
Hanno un mondo da vincere
ARBEITER ALLER LÄNDER, VEREINIGT EUCH!
LAVORATORI DI TUTTI I PAESI, UNITEVI!

www.ingramcontent.com/pod-product-compliance
Lightning Source LLC
Chambersburg PA
CBHW011735020426
42333CB00024B/2905